# 天才はみんな「鈍感」さん

ライフハックアニメーション 著

ありのままの私を
大切にした偉人の話

KADOKAWA

# はじめに

歴史の偉人たちはどうやって困難を乗り越えてきたのだろうか。

それも特に、**精神的な辛さに対してどう心の折り合いをつけ**前進したのだろうか。

そんな素朴な疑問から始まったこの企画。それが一冊の本にまとまりました。


今、この本を手に取ってご覧になられている方へ。

日々の生活の中で、それとも人生の岐路に立ち、はたまた悲惨な出来事を前にして、何か気持ちを揺さぶられるような場面に遭遇しているのではないでしょうか。

複雑な人間関係からくるストレス、先の見えない将来への不安、あるいは思い通りに頑張ってくれない自分自身への怒り。

些細《ささい》なことから重大な出来事まで、他人事《ひとごと》から自分事まで、ネガティブな感情と思考はいろいろな形で私たちに降りかかってきます。

そんな経験は「私」だけでしょうか？

**きっと誰もが程度の差こそあれ、それぞれの辛さを抱えているはずです。**

そして**そのことは人類の歴史を振り返っても同じだった**はずです。


困ったりアドバイスが欲しい時、親しい存在に相談するのも心休まっていいですが、「先人の知恵に学ぶ」というのはどうでしょう？

それも、多様なバックグラウンドを持つ20人の偉人の個人史から。

そして、20人の偉人たちが人生から得た独自の「物事の捉え方」から。


申し遅れましたが、このたびそんな偉人の「心の個人史」を巡る旅の水先案内人を務めさせていただきます、「ライフハックアニメーション」と申します。

ユーチューブで細々と活動しており、「心と体の健康」をテーマに私の実体験をベースに編纂《へんさん》した知識をわかりやすくまとめて発信しております。

今ではチャンネル登録者も16万人を超え、ジワジワと多くの方にその存在を認知していただいております。

普段の動画では心と体の改善術を具体的なノウハウで紹介していますが、ユーチューブではできない、「本」だからこそできるまとまった知識をご紹介できたらなと思っています。

本書ではこれから、**20人の偉人たちが困難を前にいったいどうやって精神的に立ち直りその偉業を成し遂げてきたのか**、そんな心に残るエピソードを名言の数々とともに紹介していきます。

選ばれた20人は芸術家から小説家、俳優から実業家から物理学者まで。それぞれ多様なバックグラウンドと各々の悩みがあります。

偉業を成し遂げるような人たちの悩みなんて、自分とは次元が違うものだなんて思ってはいけません！

結果として歴史に名を残してはいますが、その個人史にズームインして、心の動きに迫ってみると、**その過程で経験した心の悩みは現代を生きる私たちとむしろ共通点の方が多いことに気づかされます。**

ただ一味違うのは、そうした悩みを前にして、出来事や自分自身とどう折り合いをつけ、どのように乗り越えてきたのか。**その時の物事の捉え方や視点はユニークな発想と斬新なものばかりで、多くの発見があるはずです。**

どんどん読み進めていく中で、これまで思いつくことすらなかったような新しい視点が得られるはずです。

物事の捉え方は時に、天と地ほどの差をもたらします。

物事の捉え方一つで、私たちはポジティブにもネガティブにもなりますし、次に選択される行動も大きく変わります。

**たった一つの視点が、時に自分を救い、時に解決をもたらし、時に新たな道を切り拓きます。**

そんな体験がきっと本書との出会いの中にはあることでしょう。

それに、歴史の偉人たちも自分と同じような心の悩みを抱えていたのだなと知ると、きっと気持ちが少し楽になってくれるはずです。

**辛い過去、重い障害、予期せぬ困難、それらを前にした時の心の葛藤とそこから得られた視点は、偉人それぞれに独自のものではありますが、だからこその説得力でもって私たちの心に響くものばかりです。**

共感できて心休まるものもあれば、そんな発想があったのかと純粋な気づきが得られるものもあると思います。

傷つきやすく引きずってしまう。抱え込んで悩み続けてしまう。優柔不断だし気持ちを切り替えるのも苦手。

そんな方にぜひ読んでほしいと思っています。

冒頭から読み進める必要はありません。それぞれの偉人に副題として、特に読んでもらいたい人へのメッセージをつけています。目次に軽く目を通していただいて、心に留まったメッセージの偉人のエピソードからぜひ読んでみてください。

本書をきっかけに、少しでも皆さんの心に何かしらの前向きな変化があることを願っています。

また、本書の下部にはさまざまな偉人の名言を載せています。それぞれの偉人たちの捉え方をより一層深めてくれるような名言を集めました。

20人の偉人たちの格言とも合計すると相当数の名言が集まっており、ちょっとした**「名言集」**としてもお楽しみいただけるかと思います。

「座右の銘を見つける」ということも、本書のちょっとした楽しみ方の一つです。

**「言葉の力」は侮れませんよ。時に武器となり、時に盾となり、私たちの人生を切り開く力があると思っています。**

さて、前置きはこのくらいにして。
それでは20人の偉人の心の個人史を巡る旅を始めていきましょう。

# 目次

天才はみんな「鈍感」さん
ありのままの私を大切にした偉人の話

| | |
|---|---|
| カバーデザイン | 西垂水 敦、市川さつき（krran） |
| 本文デザイン | 二ノ宮 匡（ニクスインク） |
| イラスト | 水谷慶大 |
| ＤＴＰ | エヴリ・シンク |
| 校正 | 山崎春江 |
| 編集 | 金子拓也 |

Story 1

# 周囲の意見に流されてしまう人へ

# 夏目漱石

**夏目漱石**（なつめ・そうせき）1867.2.9 - 1916.12.9（49歳没）

明治末期から大正初期にかけて活躍した小説家。近代日本文学を代表する文豪の一人であり、日本の千円紙幣の肖像にもなった。代表作に『吾輩は猫である』『坊っちゃん』『三四郎』『こころ』など。

## 人間の目的は、生れた本人が、本人自身に作ったものでなければならない。

日本を代表する作家として名を残し、日本文学の発展に多大な影響を与えた夏目漱石。小説家、評論家、英文学者、俳人として知られる明治の日本を代表する人物の一人です。

本名を夏目金之助と言い、漱石という名前は友人の正岡子規《しき》から譲り受けたものです。

明治末期から大正初期にかけて活躍した**近代日本文学の頂点に立つ作家として名高いだけあり、成功者のような印象を持たれがちです。**

しかし、**その人生は波乱に満ちたものでした。**

夏目漱石の不運とも呼べる出来事の数々は、その誕生時から始まります。

---

心に残る関連名言集

› 大切なのは自分が望んだように生きること。そして、それを続けること。お金があっても不幸な人生をおくるより、ずっと満足できるはず。

――マージョリー・キナン・ローリングス
（アメリカの小説家〔『子鹿物語』作者〕／1896～1953）

1867年2月9日、漱石は名家の夏目家の五男として誕生しました。

しかし、母の千枝は子だくさんの上に高齢で出産したことから漱石の出産を「面目ない」と恥じたとされています。そのため、望まれない子として生まれたといえます。

さらに、本名の金之助の名は、生まれた日が庚申《こうしん》の日にあたりこの日に生まれた子供は将来盗人になるという迷信があったことから、厄除《やくよ》けの意味で「金」の字が入れられました。

また、明治維新後の混乱期に巻き込まれた夏目家は没落し生活に困窮、望まれず生まれたということもあって、漱石は生後すぐ古道具屋（一説には八百屋）へ里子に出されることになります。

しかし、そこでの待遇は最悪で除《の》け者扱いにされていました。夜中まで品物の隣に並んで寝ているのを見た漱石の姉が不憫《ふびん》に思い実家に連れ戻したほどです。

> 人間とは、自分の運命を支配する自由な者のことである。
>
> ――カール・マルクス
> （プロイセン王国出身の哲学者／1818～1883）

> 絶えずあなたを何者かに変えようとする世界の中で、自分らしくあり続けること。それがもっとも素晴らしい偉業である。
>
> ――ラルフ・ワルド・エマーソン
> （アメリカの思想家・哲学者・作家・詩人／1803～1882）

それで一件落着かというとそうではなく、翌年１８６８年の11月（１歳９カ月の頃）には塩原昌之助のところへ養子に出されることになるわけですが、昌之助の女性問題が発覚するなどして塩原家は家庭不和になってしまいます。

そんなこんなで、９歳の時には養父母の離婚により生家に戻ることになるのですが、実父と養父の対立により漱石の夏目家への復籍は21歳まで遅れることになります。

そのようなエピソードからも**漱石の子供時代は望まない子として扱われ、里子に出され、実家に戻り、養子に出され、また実家に戻るなど、子供心にとってはなかなか落ち着かない生活環境で育ったことがうかがえます。**

他にも、１８８７年３月（漱石20歳）には長兄の夏目大助と死別、同年６月には次兄の夏目栄之助と死別、さらに１８９１年には慕っていた三兄の妻の登《と》世《せ》と死別。次々に近親者を亡くします。

漱石の半生は幼少期から一貫して、精神的に心穏やかに安心して過ごせる環境ではなかったことがうかがえます。

---

› 人間は自由であり、つねに自分自身の選択によって行動すべきものである。

——ジャン＝ポール・サルトル
（フランスの哲学者／1905～1980）

ただ、そのような落ち着かない環境下でも、勉強熱心であった漱石は学校ではほとんどの教科において首席の成績を残し、特に英語において非常に優秀な成績を収めます。

1890年（漱石23歳）には帝国大学（のちの東京大学）の英文科に入学し、本格的に英文学を学びます。

しかし、この時期から漱石は悲観主義・神経衰弱に陥り始めます。

これは幼少期からの落ち着かない生活環境、そして青年期一歩手前の時期での親族との度重なる死別などが影響していると考えられています。

大学を卒業したのちは、英語教師として働きます。

そして1900年（漱石33歳）、文部省より英語教育法研究のために英国留学を命じられ単身イギリスに向かいます。しかし、国からもらえる生活費は少なく、**見知らぬ土地での一人暮らしで漱石は困窮し神経衰弱に陥ります。**

---

› 誰かに認められるために生きているわけじゃない。結局のところ、全員を満足させることは不可能なの。だからこそ自分のために生きなきゃ。

——ニコール・リッチー
（アメリカのファッションデザイナー／1981〜）

生活の困窮とメンタルの悪化もあり部屋にこもりっぱなしになった漱石のことを、下宿屋の女性主人は「驚くべきご様子、猛烈の神経衰弱」と言い残しています。その後、漱石は帰国を命じられ、再び講師として働くことになります。

しかし、漱石の分析的で堅苦しい授業は不評でした。生徒からは愚痴を言われ、さらには注意をした教え子が自殺してしまい責任問題にまで発展。そうしたストレスの多い環境を前に再び神経衰弱に陥ってしまいました。

そのようにして生きづらさや人生への行き詰まりを感じていた漱石に対して、「気晴らしに文でも書いてみては?」と友人の高浜虚子《きよし》から勧められます。

その勧めのままに筆をとってみたところ、漱石はその類稀なる文才を発揮し、『吾輩は猫である』『倫敦塔《ろんどんとう》』『坊っちゃん』と立て続けに作品を発表。瞬く間に人気作家としての地位を固めていくことになります。

「①人間はある目的を以て、生れたものではなかった。これと反対に、生れた人間に、始めてある目的が出来て来るのであった。最初から客観的にある目的を拵《こし》らえて、それを人間に附着するのは、その人間の自由な活動を、既に生れる

> どうやって生きるかなんてことは、誰も他人に教えられないよ。それは、自分自身で見つけるものだ。
>
> ――ボブ・マーリー
> （ジャマイカのシンガーソングライター／1945～1981）

時に奪ったと同じ事になる。だから人間の目的は、生れた本人が、本人自身に作ったものでなければならない」

これは代表作の一つ『それから』からの引用ですが、漱石自身の人生観が如実に表れています。

明治初期という激動の時代を背景に、幼少期から続いた私生活面の混乱、人一倍真面目で努力家だったからこそ味わう世間からのプレッシャー。紆余《うよ》曲折の上でたどり着いた作家という道。

周囲の期待に応えることで実感できた自分の存在意義。ただ、周りの環境に振り回され、それに合わせてばかりでは自分を見失ってしまう。

一方で、**真面目で責任感が強いからこそ、その場から逃げることもできない。**

しかし、そのままでは自分の自由は奪われたまま。自分が生まれた目的も結局わからないままだ。

だからこそ、**自分が生まれた目的は自分自身で作るものでなくてはならな**

---

› 人間が自分で意味を与えない限り、人生には意味がない。

——エーリッヒ・フロム
（ドイツの社会心理学者・精神分析学者／1900～1980）

**い。**

目的があって自分が生まれてきたわけではない。

生まれた時から目的なんぞを決めてしまうのは当人の人生の自由を奪うことに他ならない。

人生の目的というのは自分が今ここで打ち立てるべきものなのだ。自分で打ち立てた目的に従って生きていこうではないか。

そのように思っていたのではないでしょうか。

**私はこの自己本位という言葉を自分の手に握ってから大変強くなりました。彼ら何者ぞやと気概が出ました。**

自己本位とは、**「自分はどう思うのか、自分はどうしたいのか」というように「自分軸」で物事を捉え、そして行動していくこと。**

---

› 自分の道を歩みなさい。他人には好きに語らせなさい。

——カール・マルクス
（プロイセン王国出身の哲学者／1818～1883）

「相手がどう思うか、相手は何をしてほしいか」というように「他人軸」で物事を捉えて行動する生き方とは対照的な態度です。

人一倍真面目で努力家、一方で人一倍神経質で気持ちの上げ下げも激しかった漱石は、人間関係においては多くの苦労を経験したようです。

自己中心的になることと、自己本位になることは似ているようで大きく異なります。

自己中心とは他人の存在を無視し自分を中心に考えること。自己本位とはあくまでも他者の存在を前提に、その上で「自分はどうなのか」を問う態度であると言えます。

**他人に振り回されて自分を見失うくらいなら、揺らぐことのない確固たる自分軸を構え、その上で他者との関係を築いていくことが大切です。**

時代は違えども、「自分はどう思うのか」「自分はどうしたいのか」をしっかり考え、まずはそこを基軸にする態度は大切なのです。

---

› 自己とは自分にとって最良の友人である。

——アリストテレス
（古代ギリシアの哲学者／紀元前384〜紀元前322）

› 他人との比較ではない、あくまで自分の楽しさを追求すべし。

——水木しげる
（日本の漫画家／1922〜2015）

一説によると漱石は被害妄想が強く、周りの人が自分の悪口を言っているのではないかとよく気にしていたようです。また、音にも敏感で、特に電話のベルの音が嫌いだったそう。

敏感な感性の持ち主であった漱石は、それだけ他人にどう思われるかを人一倍気にしていたのかもしれません。

だからこそ、「自己本位」という言葉を強く意識し、そうした悩みを乗り越えていったのでしょう。

## その一人の人は、人間全体を代表していると同時に、その人一人を代表している

学業で優秀だった漱石は、国からの支援を受けてイギリス留学に行くなど多くの人から大きな期待を持たれる人物でした。

---

› つねに自分自身であれ、自分を表現し、自分を信じろ。

——ブルース・リー
（中国の武術家・俳優／1940～1973）

› 多数に追随すれば必ず自分を見失う。孤独を恐れず、したいことを続けるしかない。

——安藤忠雄
（日本の建築家／1941～）

時代は明治維新後、世界の激動を背景に日本も列国と肩を並べられる存在になろうと皆が努力する時代。漱石のイギリス留学は日本という一国を背負っていたと言っても過言ではないでしょう。

ただ、そんな大きすぎる期待からか、漱石は尋常ではないほどのプレッシャーを抱えることになります。**当然、プレッシャーからくるストレスも過剰でした。気づいた時には、他人からの期待に押しつぶされ自分というものを見失ってしまっていたことでしょう。**

実際、漱石は、最終的にはイギリスの下宿先に一人こもってしまい、あまりのノイローゼを心配され帰国を命じられています。

そうした挫折を経験したからこそ漱石は、自分を見失わずに確固たる自己を持ち続けることの大切さを身にしみて感じていました。

**自分という存在を誰よりも代表しそして体現しているのは、自分自身に他ならない、**そんな意識を持つようになったのでしょう。

---

› **あなたの人生をかわりに生きてくれる人はいないわ。**

——ドリー・パートン
（アメリカのシンガーソングライター／1946〜）

› **自分らしくありなさい。世界はオリジナルを称賛するのです。**

——イングリッド・バーグマン
（スウェーデン出身の女優／1915〜1982）

現代を生きる私たちは、当時とは比較にならないほどの情報量の中で生きています。気づかないうちに、メディアの意見、有識者やインフルエンサーの発言に同調してしまい、「結局自分はどうなのか」ということを見失ってしまいやすいことでしょう。

それだけでなく、親、きょうだい、家族、友人、上司、取引先など、複雑な人間関係の中で揉《も》まれに揉まれた結果、気づかないうちに本来の自分を見失い、日に日に精神的なダメージを蓄積していってしまっているかもしれません。

自分という存在を代表しているのは、反論の余地なく自分自身に他なりません。**この意識を持つことは、現代社会を生きる私たちに少しばかりの自信を与えてくれます。**

**死ぬまで進歩するつもりでやればいいではないか。作に対したら一生懸命に自分のあらんかぎりの力をつくしてやればいいではないか。**

› 人生に命を賭けていないんだ。だから、とかくただの傍観者になってしまう。

——岡本太郎
（日本の芸術家／1911～1996）

› 美しさは、あなたがあなたらしくいると決めたときに始まる。

——ココ・シャネル
（フランスのファッションデザイナー／1883～1971）

## 後悔は結構だが、これは自己の芸術的良心に対しての話で、世間の批評家や何かに対して後悔する必要はあるまい。

作家として名高い漱石ですが、実はデビューは38歳と遅めです。

それまでの人生の中で膨大な量の文学を読み、波乱万丈の半生を送ってきた漱石はすでに確固たる文学観を確立しており、デビューから瞬く間にその頭角を現します。

しかし、**自分の作品に対しての心ない批評も多かった**ことでしょう。現代社会でいうところの「アンチ」や「悪質なコメント」などにも悩まされていました。

この漱石の言葉には、そうした社会からの逆風を前にどうやって自分を見失うことなく前進を続けることができたのか、漱石の心のあり方が表れています。

---

› 物語をつくるのはあなたです。自分の人生を好きなように結末までつくりあげなさい。

――ジョセフ・マーフィー
（アイルランド出身の著述家／1898～1981）

› 世界には、きみ以外には誰も歩むことのできない唯一の道がある。その道はどこに行き着くのか、と問うてはならない。ひたすら進め。

――フリードリヒ・ニーチェ
（ドイツの哲学者／1844～1900）

「誰②が何と云っても、自分の理想の方が、ずっと高いから、ちっとも動かない、驚かない」

「要②するに我々に必要なのは理想である。理想は文に存するものでもない、絵に存するものでもない、理想を有している人間に着いているものである」

これも漱石が残した言葉。

大切なのは自分がとりくむ作品それ自体なのであって、**誰から何を言われようとも、その「知らない誰か」のために「申し訳ない」と謝罪したり後悔したりする必要はないのです。**

自分の作品に対しての批評は素直に受け止める。自分は死ぬまで進歩を続ける気概なのだから、そうした批評は成長の糧となる。

ただし、批評した本人に対して何か特別な感情を持つようなことはしない。

自分の中に確固たる理想を持ち、その理想から目を背けず前進を続けるこ

---

› **よりよい成果が得られるのは、自分が一番好きな仕事をしているときだろう。だから人生の目標には、自分が好きなことを選ぶべきなんだ。**

——アンドリュー・カーネギー

（アメリカの実業家・鉄鋼王／1835～1919）

と。

こうした考え方は、自分らしさを発揮する際の私たちに前向きな気持ちを分け与えてくれます。

Another Story

# 「漱石」という名前に隠された意外な一面

友人の正岡子規から譲り受けたペンネーム「漱石」は、自分の失敗を認めず屁《へ》理《り》屈《くつ》を並べて言い逃れすることを意味する「漱石枕流《そうせきちんりゅう》」から来ています。

これは中国の故事をもとにした言葉です。「石を枕に流れで口を漱《すす》ぎたい」と言うべきところを、間違えて「流れを枕に石で口を漱ぎたい」と言ってしまった人が、その間違いを認めずに「俗世界の汚いものを聞き、食べたことを洗うために、耳を流れで洗い、口を石で磨きたいからだ」と無理やりな屁理屈で言い訳したことから来ています。

実は漱石は、自分の間違いを認めるのが大の苦手でした。作家になる前、英語の講師をしていたときのこと。授業の内容について生徒から「辞書に書いてあることと違う」と指摘された際、「辞書の方が間違っているから辞書を訂正しなさい」と言ったそう。

また、まだ駆け出しの作家の時、生活はギリギリで妻は愚痴も言わず節約してなんとかやりくりしていました。本が売れて印税が入っても質屋に預けた家財を返してもらうのに精一杯。それにもかかわらず、漱石は妻に「印税が入ったのだから、ちょっとは贅沢《ぜいたく》したり貯金したらどうだ？」と。

困窮した家計の実情をその時初めて妻から知らされた漱石はバツが悪くなり、一言「そうかい」。その場から避難です。

真面目で頑張り屋さんだった一方で、自分の弱みを見せる器用さには欠けていた漱石でした。

Story
2

# 落ち込みがちな人へ

## アルベルト・アインシュタイン

アインシュタイン　1879年3月14日 - 1955年4月18日（76歳没）

これまでの常識を覆すような物理理論を発表し「20世紀最高の物理学者」と評される。特殊相対性理論および一般相対性理論のほか数々の業績を残す。1921年、光量子仮説に基づく光電効果の理論的解明によりノーベル物理学賞を受賞。

## 私は自分の人生に満足しています。ユーモアの精神を持ち続け、自分と相手をあまり深刻に受け止めないように心がけていますから。

本名アルベルト・アインシュタイン。言わずと知れた天才物理学者です。

誰もがその名を一度は聞いたことがあるのではないでしょうか。そして、それと同時に思い浮かべるのは舌を出したおどけ顔の写真。

爆発したかのようなヘアスタイルに、しわくちゃのシャツ、まるで漫画の世界から飛び出してきたかのごとく、絵に描いたような「天才」「博士」（むしろ、**アインシュタインこそが私たちに「天才」や「博士」のイメージを植え付けた**と言った方が正確かもしれません）。

そんなアインシュタインが残した業績は数知れず。

その中でも26歳の時に発表した「相対性理論」が有名です。

心に残る関連名言集

› もし、私にユーモアがなければ、これほど長く苦しい戦いには耐えられなかったでしょう。

——マハトマ・ガンジー
（インドの弁護士・政治指導者／1869～1948）

「時間や空間は誰が見ても同じではなく、伸びたり縮んだりする」ことを明らかにし、それまでの世界の常識を覆すほどのインパクトを与え、物理学の世界に新たな地平を切り開きました。

一方で笑えるエピソードも多くあり、**そのひょうきんな人物像から人気キャラクターのような親しまれ方もするユーモア溢《あふ》れる人物です。**

そんなアインシュタインのユーモア精神を感じるエピソードをいくつかご紹介しましょう。

＊

有名になった後のアインシュタインには講演の依頼が次々に舞い込み、多忙な毎日が続きます。

しかし講演では毎回同じ話をしますので、アインシュタインは飽きてしまいました。

---

› どんなに暗くても、星は輝いている。

――ラルフ・ワルド・エマーソン
（アメリカの思想家・哲学者・作家・詩人／1803～1882）

› ユーモアと言うものは機知や滑稽《こつけい》と同じく何かしら我々の心を解放するものを持つのみならず、何かしら魂を抑揚させるようなものを持っている。

――ジークムント・フロイト
（オーストリアの精神科医／1856～1939）

そんな時、専属のドライバーが、

「私は役者をやっていて、あなたの講演は一字一句覚えています。入れ替わりましょうか?」

と提案したところ、アインシュタインは面白がってその提案を受け入れ、自分は一番後ろの席に座ってドライバーの講演を聞いていました。ちなみに講演の質問タイムでお客さんの一人がかなり高度な質問をした時、アインシュタインはヒヤッとしたそうですが、ドライバーが、

「あなたの質問は極めて簡単だ。私が答えるまでもないので、後ろに座っている私の運転手に答えさせましょう」

と言ってその場を乗り切ったそう。

*

> 人生が歌のように流れているときに楽しい気分になるのはたやすい。だが、立派な男とは八方ふさがりのときでも笑える男だ。

——エラ・ウィーラー・ウィルコックス
(アメリカの作家・詩人/1850~1919)

> 心の優雅さがなければ、エレガンスはない。

——イヴ・サン=ローラン
(フランスのファッションデザイナー/1936~2008)

次は少し遡って就職時の話。

大学時代のアインシュタインは生意気で、教授が発表した論文に対して間違いを指摘するなどしていました。その結果、教授に嫌われてしまい、卒業後は大学での講師の仕事に就くことができませんでした。

代わりに就職したのが特許庁で、発明品などの特許を認めるかどうかを審査する仕事。アインシュタインはその仕事場で、空いた時間を使って自由に研究を進めていました。

アインシュタインのあまりの天才ぶりに上司は「君ほどの人物が大学の研究室に残れないのはおかしい」と言いますが、アインシュタインは「**私の研究室？　これ（万年筆）です**」と言い返したそう。

＊

アインシュタインは自分の身なりに無頓着で、いつもヨレヨレの服にボサボサの頭でした。

---

› 人類は一つのとても効果的な武器をもっている。それは笑いだ。

——マーク・トウェイン
（アメリカの小説家／1835～1910）

› 叩かれたからといって、へこんでしまうことはないわ。あれだけ叩いて卵を泡立ててもケーキはふくらむもの。

——メアリ・ジョンストン
（アメリカの作家／1870～1936）

そんなアインシュタインに対して知人が「服装に気をつかってみてはどうか」と言った際、アインシュタインは**「肉を買った時に包み紙の方が立派だったら侘《わび》しくないか」**とやり返したそう。

*

普通であれば深刻に捉えてしまいそうなことであっても、アインシュタインは深刻にならず、むしろ気楽な捉え方をすることが上手でした。

それはストレスフリーの処世術として身につけたものかもしれませんし、はたまた物理の世界のこと以外にはあまり興味がなかっただけかもしれません。

ただ、

「③私は自分の人生に満足しています。ユーモアの精神を持ち続け、自分と相手をあまり深刻に受け止めないように心がけていますから」

---

› 惨めな自分を笑い飛ばすユーモアは先人の知恵。どんなに辛いときでも明るく生きる高等技術。

――美輪明宏
（日本のシンガーソングライター・俳優・演出家／1935～）

› 真の偉大さは喜びの中でも苦難の中でも楽しむ力があることで見分けがつく。

――ロマン・ロラン
（フランスの作家〔ノーベル文学賞受賞〕／1866～1944）

と言い残している通り、**ユーモアの精神を忘れず深刻になりすぎない人生態度が日々の雑多なストレスからアインシュタインを守り、数々の偉業を可能にしていたのでしょう。**

「ユーモア」というのは捉えづらい概念ですが、アインシュタインの生き様を教師にするならば、それは「深刻になりすぎずサラッと受け流す心意気」であると言えるのではないでしょうか。

**私たちの日々の悩みは複雑で、簡単には解決できないことの方が多いほどです。**

しかし、それらの悩み一つ一つに対して深刻になってしまっていると辛いだけなのかもしれません。

アインシュタインの言葉が示すように、深刻になりすぎずユーモアの精神でもって事にあたることができるのならば、同じ困難を前にしても気持ちを穏やかに保つことができそうです。

---

› 焦ることは何の役にも立たない。後悔はなおさら役に立たない。焦りは過ちを増し、後悔は新しい後悔を作る。

——ゲーテ
（ドイツの詩人・小説家・劇作家／1749～1832）

# 常識とは18歳までに身につけた偏見のコレクションのことをいう。

アインシュタインにとって、**常識というのは偏見（偏った見方）の集合に過ぎませんでした。**

先ほどの「万年筆が研究室である」という捉え方以外にも、アインシュタインの生き方は一貫して常識に囚われません。

小学校時代には数学ばかりに熱中。学校のカリキュラムはそっちのけでユークリッド幾何学の本を独習してしまいます。

また15歳の時には、規則ずくめで軍国主義的な学校が嫌になり、家族への相談もなしに勝手に退学。遠く離れた家族のもとに一人で旅して帰ってきてしまいます。

> 偏見とは、明白な支えの手段を持たない気まぐれな意見。
>
> ——アンブローズ・ビアス
> （アメリカの作家／1842〜???）

> 常識とは、二点間の最短距離を意味する。
>
> ——ラルフ・ワルド・エマーソン
> （アメリカの思想家・哲学者・作家・詩人／1803〜1882）

大学時代には自分の興味のある分野にだけ熱中し、講義にあまり出席しません。電気技術では優秀な成績でも、物理実験では最低の成績というありさまでした（結果がすでに分かっている実験にあまり興味を持てなかったのでしょう）。

さらにとんでもないエピソードとして、最初の妻との離婚に際し慰謝料を払うことができなかったアインシュタインは、将来ノーベル賞を取った時の賞金を全て渡すことを条件に慰謝料を免除されました（のちに実際にノーベル賞を獲得してその賞金を手渡すことになりました）。

アインシュタインの人物像を一言で言うならば、**「ありのままに自分の興味を追究した人」**であるとも言えます。

私たちは、常識に囚われ、自分で自分を縛り付け罰してしまうことが多々あります。その結果、自分を追い込み、ネガティブの負の連鎖に陥ってしまうことも珍しくありません。

ただ常識というのはあくまでも「社会全体から見てスムーズに事が進むよう

---

› 偏見は無知の子供である。

——ウィリアム・ヘイズリット
（イギリスの著作家／1778～1830）

› 偏見は判断を持たない意見である。

——ヴォルテール
（フランスの哲学者／1694～1778）

にするための社会装置」に過ぎません。
もしそうした常識によって自らを苦しめ窮地に追い込んでいるのなら、常識の枠組みから一歩離れてみることが大切です。
アインシュタインが言い残す通り、常識というのは偏見の集合に過ぎません。

**「〇〇じゃないといけない」と自分を追い込んでいるのなら、それは「〇〇」という常識に縛られているということ。**

「必ずしも〇〇ではないのではないだろうか？」
と自問することによって、常識の檻《おり》から一歩外に出て冷静な判断ができるはずです。

## 蝶はモグラではない。でもそのことを残念がる蝶はいないでしょう。

› なんでもやれる人に秀でたる人はいない。

――トーマス・フラー
（イギリスの歴史家／1608〜1661）

アインシュタインのこの言葉が意味していることは何でしょうか。

それは、**人はそれぞれ得意なことと苦手なことがある**ということ。

苦手なことや嫌なことに対して苦しむのではなく、得意なことや好きなことに頑張って取り組んだ方がよいというアインシュタインの考え方がこの言葉には表れています。

蝶はモグラではないのだから、地中に潜れないことに対して残念がりません。モグラの方も蝶ではないのだから、空を飛んで花の蜜を吸うことができないと残念がりはしません。

一方で、**人間はすぐ他の人と自分とを比べてしまって、自分にとって苦手なことやできないことを残念がってしまいます。**

しかし、自分と他人は異なる存在です。

他人にはできて自分にはできないことはあることでしょう。ただ少し視野を広げてみると、逆に自分にはできて他人には上手にできないということもある

---

› 世の中には創造する天才があるように、探す天才もあり、書く天才があるように、読む天才もある。

——ポール・ヴァレリー
（フランスの詩人・小説家・評論家／1871～1945）

› 人は誰でも得意とする所が一つはあるものだ。その得意なことを使う時、人を活かす事になる。

——沢庵
（臨済宗の僧／1573～1646）

はずです。

アインシュタインは何事も器用にこなせるタイプの人間では決してありませんでした。

ある意味で不器用で、興味のあることはできるけれども興味のないことに対しては全然ダメでした。

しかし**そうしたダメなことに対して無理してまで取り組もうとはせず、物理という自分の得意な領域にのめり込んでいくことによってアインシュタインは世界の発展に寄与しました。**

「④私は、それほど賢くはありません。ただ、人より長く一つのことと付き合ってきただけなのです」

「③自分を深く見つめてください。そうすれば、すべてのことがよりよく理解できるようになります」

---

› 偏見を持つな。相手が幕臣であろうと乞食であろうと、教えを受けるべき人間なら俺は受けるわい。

——坂本龍馬
(幕末の志士・土佐藩郷士/1836〜1867)

› 他人がむずかしさを見出すことを容易に行うこと、これが才能である。

——アンリ・フレデリック・アミエル
(スイスの哲学者・詩人・批評家/1821〜1881)

「自分自身のことについて誠実でない人間は、他人から重んじられる資格はない」[5]

アインシュタインはそのようにも言い残しています。

一見すると、アインシュタインは類稀なマイペースな精神の持ち主で我が道を突き進んだかのように感じられますが、**実は人一倍、自分自身と向き合った時間が長かった**のかもしれません。

アインシュタインが言い残したように、自分の負の側面に注目するのではなく自分の持ち味を見つめ、得意なことや好きなことを活かせるように人生に工夫を加えていくことが大切なのです。

**物質的充足を満足させようとする気持ちをできるだけ取り除いてはじめて、有意義で調和のとれた人生を送ることができます。**

---

› 我々は頭の中に富を持つべきであり、心情の中に持つべきである。

——ジョナサン・スウィフト
（アイルランドの作家／1667～1745）

› 成功して満足するのではない。満足していたから、成功したのである。

——アラン
（フランスの哲学者／1868～1951）

アインシュタインは言わずと知れた天才物理学者ですが、その真の姿は自分に正直で何事にも囚われないユーモアに溢れる人でした。

一方でアインシュタインは、人間の人生についても深く考えを巡らせていました。

アインシュタインの人生に対する考え方を言い表す言葉として他にも次のようなものがあります。

[6]「過去から学び、今日のために生き、未来に対して希望をもつ。**大切なことは、何も疑問を持たない状態に陥らないことである**」

[4]「人の真の価値は受け取ることではなく、与えることにあります」

[4]「人生に意味を与える唯一のものは、労働です」

アインシュタインにとって、**お金を稼ぐことであったり、それで好きなものを買ったり娯楽を楽しんだりするというのは真の意味での充実とは無関係のものでした。**

---

› 一番小さなことでも満足できる人が一番裕福である。何《な》故《ぜ》なら満足を感じることが自然が与えてくれる富だからだ。

——ソクラテス
(古代ギリシアの哲学者／???～紀元前399)

› 自己の所有以上を望まぬ者は富者なり。

——マルクス・トゥッリウス・キケロ
(共和政ローマ末期の政治家／紀元前106～紀元前43)

私たちは気づかないうちに物質的な充足を求め、逆にそのことで物質的な不足を思い不幸を感じてしまいがちかもしれません。

アインシュタインのように、というのは難しい話かもしれませんが、アインシュタインの生き方には学べることが多くあります。

常識に囚われず、己を見つめ自分に正直になり、そして「ユーモアの精神」を忘れない。

目に見える成果ばかりを追い求めても、そこで感じられるのはひとつかみの空虚に過ぎない。

**人生に充実を求めるのならば、その人生の中身に注目し本当に興味のあることに取り組むことが大切だ**ということをアインシュタインは教えてくれています。

---

› たいていの人間は、運命に対して過大な要求をするばかりに不満になる。

——アレクサンダー・フォン・フンボルト
（プロイセン王国出身の博物学者・地理学者／1769～1859）

› もし金儲けに興味を持っていたとしたら、きっと、もっと成功の可能性の高い物に賭けていただろう。

——ライト兄弟
（アメリカの発明家・実業家）

Another Story

## 興味のあること以外は ありえないほど無頓着すぎ！

ある日、カラフルな封筒がアインシュタインのもとに届いたのですが、どうせ何かの広告だろうと捨ててしまいます。後日、友人が血相を変えて「とにかくジュネーブ大学へ行け！」と。

あまりに必死なもんだから仕方なく向かうと、なんとアインシュタインの名誉博士号の授与式の式典。錚々《そうそう》たる有識者たちがフォーマルな格好で並ぶ中、アインシュタインは一人だけ麦わら帽子姿でした。

アインシュタインの頭の中は物理・物理・物理……。

身なりも、お金も、名誉も興味なし！夢中なこと以外どうだっていいかのような適当ぶり。

寒いからといってタンスのカバーをマフラーにして外出したり、靴下が嫌いだからといっつも裸足で靴を履きます。

それだけではありません。とある式典では友人から借りた靴屋の請求書の裏にメモをしてスピーチ。その後、友人にメモを返そうとしますが、式典でもらったメダルも一緒に渡そうとしてしまいます。

お金にだって興味がないから、なかなか離婚を認めてくれない当時の妻にノーベル賞の賞金を渡すことを条件に認めてもらっちゃうわけです。

そしてすっかり有名になった頃、電車で「どこかで見たことがありますがご職業は？」と尋ねられると一言「写真のモデルです」。

興味のあること以外には心配になるほどの適当っぷりのアインシュタイン大博士でした。

Story
3

# 努力が認められない人へ

# フィンセント・ファン・ゴッホ

**フィンセント・ファン・ゴッホ**　1953年3月30日 - 1890年7月29日（37歳没）

オランダ生まれ。大胆な色使いと感情を率直に表現した画風で知られる。画家としての活動は10年と短いが、その間に2100枚以上の作品を残す。画家として評価される前に、37歳という若さで自ら命を絶った。代表作には「ひまわり」「星月夜」「夜のカフェテラス」など。

## あなたのインスピレーションやイマジネーションを抑えてはならない。模範の奴隷になるな。

本書の中で取り上げる人物の中でもゴッホは異質な存在です。なぜならば、私たちが知るところのゴッホの名声は死後のものだからです。

生前のゴッホは長い間誰にも認められず、発狂の末、自らに銃口を向け自死してしまっています。

一説によると、生前に売れたゴッホの絵といえば「赤い葡萄畑《ぶどう》」と題する絵のみと言われています。

ゴッホ本人の目線で見た時、その人生は決してハッピーエンドとは言い難いものでした。貧しく、孤独。猜疑《さいぎ》心や罪悪感に悩まされながら生きたその人生は、ひとえに辛いものだったでしょう。

心に残る関連名言集

› 芸術は技芸ではなく、それは、芸術家が体験した感情の伝達である。

——レフ・トルストイ
（ロシアの小説家・思想家／1828〜1910）

しかし、ゴッホが本書に登場するのにはわけがあります。

それは、**ゴッホはそんな過酷な辛さにもかかわらず、死に至るまでずっと自分の信念を貫き通したからです。**

「死ぬまで信念を貫くべきだ」といった安易な解釈ではありません。ゴッホの生き様には、己を信じ続けたからこそ得られた崇高な気づきがあります。

**ゴッホは理想とする美の姿を明確に思い描いており、自らの感性を信じてブレることがなかったのです。**

それではゴッホは盲目的に自分の世界に入り込んでしまっていたのでしょうか。

実はそうではなく、ゴッホには印象派による絵画が今後世の中に認められていくであろうという確固たる自信がありました（当時の芸術界ではさまざまな実験的な流派が鎬《しのぎ》を削っていました。我先にと新たな芸術を作り出そうという

---

› 忍耐は希望をいだく術《すべ》である。

——フリードリヒ・シュライアマハー
（ドイツの哲学者／1768～1834）

› 成功は「大胆不敵」の子どもである。

——ベンジャミン・ディズレーリ
（英国の政治家／1804～1881）

雰囲気。そんな中で印象派という新たなブームが起こり始めた頃でした)。
端から見ると、周りの意見を聞かずに頑固になり、自分の世界の中にこもってしまっているように見えるかもしれません。

**しかしゴッホから見ると、印象派の絵画を描き続けるということは総合的に考えて合理的な判断でした。**

なぜならば、いずれ印象派の絵画が認められるのは時間の問題であり、その時に備えて今からずっと取り組み続けていた方が将来の見返りが大きいからです。

そして絵を描く以外にできることのないゴッホにとっては、下手に他の仕事を始めるよりも画家という仕事に専念する方が良いと思えたからです。

実際、ゴッホは弟のテオに宛てた手紙でこのように記しています。

「⑦もし信じることが許されるならば、僕は確信しているのだが、印象派の価値

---

› 才能とは、自分自身を自分の力を信ずることだ。

——マクシム・ゴーリキー
(ロシアの作家 / 1868～1936)

› 逆境が人に与えるものこそ美しいかな。そはガマに似て、醜く、毒を含んでこそおれ、その頭の中には宝石を蔵している。

——ウィリアム・シェイクスピア
(英国の劇作家・詩人 / 1564～1616)

は必ず上がるので、たくさん作品を描いて価格を維持しなくてはならない。だからこそ落ち着いて作品の質のことを考え、時間を無駄にしてはならないのだ。数年もすれば我々の投資はお金でなくとも付加価値として我々の手に戻ってくるだろう」

「僕⑦としては、精神的に押し潰され肉体もぼろぼろになるくらい描かなくてはならないという気持ちに追われている。それは端的にいえば、いままでに投資した分をとりかえす術がほかに全くないからだ。絵が売れないことについて、全く私にはどうすることもできない。でもいつか、人々がそれが絵の具代や私の生計よりもずっと価値があることに気がつくだろう」

このようなゴッホの態度を肯定することは、印象派がそしてゴッホの絵が、社会の中で認められるようになったという結果があってこそだという意見はもっともでしょう。

しかし、次のような人にとっては大きな勇気づけになるはずです。

今現在何かに取り組んでいて、その取り組んでいることの可能性に対して確

---

› 芸術は人間のうちにおいて生まれ、その人の作品のうちにはその人の人間性が自ずから表現される。

——三木 清
（日本の哲学者／1897～1945）

› われわれの最も確かな保護書はわれわれの才能である。

——ヴォーヴナルグ
（フランスのモラリスト／1715～1747）

信を持っているものの、現状は目立った成果をあげられていないという人。

確信があるので取り組み続けることは合理的な判断であると思うけれども、周りの目は冷ややかである時。

しかし**もしそこに確信があり、周りの意見を跳ね除け頑《かたく》なに取り組み続けることこそが合理的であると判断できるのなら、その時は自分の考えを尊重して取り組み続ければいいというのがゴッホが出した答えです。**

ゴッホは、その苦渋の中で精神病を患い、不定期に訪れる発作、そして人間関係の苦闘の末、37歳という若さで自死してしまいました。

しかし、ゴッホの確信は正しかったのです。

**自らの直感、創造性を信じる人間の姿が、ゴッホの生き様には現れています。**

もし自分の感性に確信があるのなら、そのことを信じ突き進むこと。

周りの意見に翻弄されスタイルを変えたり、はたまた前進を止めるのではな

› 井戸を掘るなら水の湧くまで掘れ。
——石川理紀之助
（日本の農業指導者／1845～1915）

く、己を信じ続けること。

大変勇気のいることですが、ゴッホの言葉とその生き様からは多大な勇気を分けてもらえます。

## 私はあるがままの自分を受け入れてくれることだけを望む。

**ゴッホは人一倍感受性が強く、優しい心の持ち主であったことで知られています。**

ただ、他者との距離感の取り方が苦手で、良好な人間関係を築くことに苦労していました。

小さい頃から怒りっぽく、気に入らないことがあるとすぐ喧嘩《けんか》。

大人になってからも、意見の違いをわずかでも指摘されるとそれを自分に対する全否定であると受け止めてしまう傾向があり、怒りを爆発させることがた

---

› 白雁《はくがん》は白くなるために水浴びする必要はない。あなたも自分自身でいること以外に何もする必要はない。

——老子（古代中国の思想家／生没年不詳）

びたびあったようです。

そんなゴッホの画家としてのキャリアは実は短いもので、27歳から37歳までの10年。

それまでのゴッホは画商として働くもののクビになり、貧しい人を救いたいと思い牧師になろうとするも成績が悪く神学校に進めず、結果、キリスト教の伝道師になります（伝道師は免許がいらないため）。それは25歳の時です。

ゴッホは貧しい生活の人々を見て心を痛めています。時には自分の衣服を人々に分け与え自分はボロボロということも。

この時期からゴッホは、貧しい人たちをモデルに多くの絵を描き始めていました。

しかし、ボロボロの格好で伝道師の仕事をしていることを教会から咎《とが》められ、ゴッホは無職になります。そして画家としての道を歩み始めました。

---

群衆の中にあっても孤独を守る人こそ、至高の人である。

——ラルフ・ワルド・エマーソン
（アメリカの思想家・哲学者・作家・詩人／1803～1882）

僕の後ろを歩かないでくれ。僕は導かないかもしれない。僕の前を歩かないでくれ。僕はついていかないかもしれない。ただ僕と一緒に歩いて、友達でいてほしい。

——アルベール・カミュ
（フランスの小説家〔ノーベル文学賞受賞〕／1913～1960）

このようにゴッホの人生は、踏んだり蹴ったりの繰り返しが多いものでした。

**ただ見方によっては、ゴッホは自分の感性にひたすら素直だったのです。**

「私はあるがままの自分を受け入れてくれることだけを望む」

これはゴッホが残した言葉です。**ゴッホはあるがままの自分を認めてもらえることを望んでいます。**

**それは、ありのままの自分であり続けたことの裏返しでもあります。**

他者との交流が苦手で、感情のコントロールもうまくできない。

そして絵は売れない。だからといって柔軟に画風を変えることもできない。

ゴッホは、そんなありのままの自分を認めてもらうことができず苦しんでいました。

---

› これだけは知ってほしい教訓 ― 自分らしく生きるためには失うものもある。

――シャーリー・アボット
（アメリカの作家／1934～）

› 画家は孤独でなければならない。なぜなら、一人なら完全に自分自身になることができるからだ。たった一人の道連れでもいれば、半分しか自分ではなくなる。

――レオナルド・ダ・ヴィンチ
（イタリアの芸術家／1452～1519）

# 漁師は海の危険性、嵐の恐ろしさを知り尽くしている。しかし彼らはこれらの危険性が陸にとどまる理由になる、とは考えない。

ゴッホが生きた時代は、宗教画をはじめたとした写実的な絵画が売れていました。

ゴッホが描くような、のちに印象派と呼ばれる画風は当時の社会ではまだ新しいもので、受け入れられてはいませんでした。

そのため、どんなに時間をかけて絵を描いたとしても買い手がつきませんのでお金になりません。

お金にならなければ生活ができないので、あの手この手を尽くしてお金を工面するしかありませんでした。

幸い、ゴッホには弟のテオが実質的なパトロンとなって毎月の生活費を送っ

---

› じっくり考えろ。しかし、行動する時が来たなら、考えるのをやめて、進め。

——ナポレオン・ボナパルト
(フランスの皇帝・政治家・軍人／1769～1821)

› あなたにできること、あるいはできると夢見ていることがあれば、今すぐ始めなさい。向こう見ずは天才であり、力であり、魔法です。

——ゲーテ
(ドイツの詩人・小説家・劇作家／1749～1832)

てくれていました。
ただそれもギリギリ生活を営める程度のものであり、生活に困窮していることには変わりありません。

ゴッホは想像だけで絵を描くことができなかったため、人物を描く時には必ずモデルを必要としました。仕送りのお金はモデルを雇うための費用にほとんど使っており、自分は毎日パンしか食べないという生活を続けていたようです。

ゴッホをはじめとする画家にとって、その道を歩むというのはまさに恐ろしい荒波の海を航海することと心理的な共通点があったことでしょう。

ただ、**漁師が海の危険性を理由に漁をやめることがないように、画家であるゴッホも絵が売れず生活に困窮することを理由に画家という道を逸《そ》れることはなかったのです。**

この言葉とゴッホの生き様からは、**困難を前にしても、己の可能性を信じて前進を続ける時の大きな力を与えてもらえます。**

---

› 失敗を覚悟で挑み続ける。それがアーティストだ。

——スティーブ・ジョブズ
（アメリカの実業家・アップル創業者／1955～2011）

› 誰もの心に、何かに向かって燃える火があります。それを見つけ、燃やし続けることが、私たちの人生の目的なのです。

——メアリー・ルー・レットン
（アメリカの元体操選手〔ロス五輪金メダリスト〕／1968～）

# 虫だって光の好きなのと嫌いなのと二通りあるんだ！人間だって同じだよ、皆が皆明るいなんて不自然さ！

ゴッホは自然の中にある美を表現することに長《た》けていました。

印象派の中でもゴッホの絵は現実から乖離《かいり》しすぎることなく、あくまでも現実世界に立っていることが特徴的でした。

ゴッホは、移り変わりが激しく、それでいて多様な姿を現す自然の中の美を追求していました。

「もし、黄色と橙色がなければ、青色もない」
「色彩は、それ自体が、何かを表現している」

ゴッホはこのようにも言い残しています。

---

› 絵画はことばなき詩なり。

——ホラティウス
（古代ローマの詩人／紀元前65～紀元前8）

› 自分になにができるかを知るより、なにができないかを知ることのほうが重要よ。

——ルシル・ボール
（アメリカの喜劇女優／1911～1989）

自然をひたすら観察する中で得られたゴッホの気づきは、人生レベルにまで昇華されていました。

人の性格にも人生のあり方にも人それぞれというものがあって、正解という絶対的なものなんてありません。

すべては相対的な関係なのだから、自分が他人とは異なるからといって、そのことについて必要以上に思い悩む必要などないのだと考えていたのです。

ゴッホが残したこの言葉には、「ありのままでいていいんだ」と思わせてくれる不思議な力があります。まさに、**人間だって「光」が好きな人と嫌いな人がいるわけです。ここでいう「光」というのは、誰かが言った「正しさ」のことかもしれません。**

誰かが言った「正しさ」はその誰かにとっての「正しさ」であって、万人にとっての「正しさ」ではないわけです。

この言葉はゴッホが残したからこそ、より一層の深みを伴って「ありのままでいていいのだ」と私たちに訴えかけてきます。

---

› 美の探求とは、そこで芸術家が打ち負かされるに先立って恐怖の叫びをあげる一つの決闘である。

——シャルル・ボードレール
（フランスの詩人／1821～1867）

› 孤独だということは人と違う人間だということ。人と違っているということは孤独になるということ。

——スーザン・ゴードン
（アメリカの作家・編集者／1945～）

Another Story

# 恋愛に奥手すぎて「直球」で攻めたらドン引きされた

「ありのまま」は素敵ですが、女性への接し方には少し工夫が必要だったかもしれません。

画商として働く20歳の時のこと。若かりし頃の青年ゴッホの話です。

オランダからイギリスのロンドンに転勤したゴッホは、下宿先の女主人の娘ウジェニー・ロワイエに恋をします。
それまで恋愛経験もなく女性に対して奥手だったため、一緒に出かける誘いも、打ち解けた話もできません。ただ一緒に過ごす時間は純粋に幸せで、熱い想いは一方的に募っていきました。

出会ってから9カ月が経った頃、オランダに帰郷することを機に一念発起して想いを打ち明けます。
その時の渾身《こんしん》の言葉は「そろそろ結婚する時期じゃないだろうか？」。

あまりに唐突なプロポーズです。ゴッホは段階を踏むことを知りません。当然断られます。失恋したゴッホは傷心。かなりの期間思い悩みました。

7年後、ついに新たな恋をします。相手は年上の未亡人ですが、なんと従姉《いとこ》のケー・フォス。

相変わらず真っ直ぐなゴッホはその熱い想いを伝えますが、「嫌だ」と断られます。しかし、なぜかその言葉の本当の意味は別のところにあると確信するゴッホ。彼女の実家を突撃訪問します。

当然面会を断られたゴッホが取った奇策は、食卓のローソクに手をかざしてジリジリ焼き始めること。
その心は「私が我慢できた時間だけ彼女と会わせてくれ！」。

「炎の画家」の異名を持つゴッホでした（もちろんその意味での「炎」ではありませんよ！）。

Story
4

# 人生に前向きになれない人へ

## フランツ・カフカ

**フランツ・カフカ**　1883年7月3日 - 1924年6月3日（40歳没）

現チェコ出身のドイツ語作家。『変身』『審判』『城』など独特な世界観による作品は人間存在の不条理を主題とした。生前に発表された著作は数冊であったが死後、未完の作品群が次々明らかになり、実存主義的見地から注目を集める。

たとえば、ここにAとBの二人がいて、
Aは階段を一気に五段あがっていくのに、
Bは一段しかあがれません。しかし、
Bにとってその一段は、Aの五段に相当するのです。
Aはその五段だけでなく、
さらに一〇〇段、一〇〇〇段と
着実にあがっていくでしょう。
その間に通過した階段の一段一段は、
彼にとってはたいしたことではありません。しかし、
Bにとって、その一段は、人生で最初の絶壁のような、
全力を尽くしても登り切ることができない階段です。
乗り越えられないのはもちろん、
そもそも取っ付くことさえ不可能なのです。

› どうせ人生の本質はつらく、人間は孤独なぐらい百も承知している。
——遠藤周作
(日本の小説家/1923～1996)

心に残る関連名言集

カフカの目から見た世界は、他の偉人のものとは大きく異なります。というのも、カフカが残した言葉はどれも悲観的でネガティブなものばかりだからです。

しかしそれらの言葉は単なる表面的なものとは言い難く、むしろネガティブの中に潜む本質を絶妙に言い当てています。

カフカの人物像を一言で言うならば、**社会が王道と見なすところの「人生」から外れ、そしてあえて外れたままで、そこから人生について眺めてみた人。**

人生の脇道から人生を眺めたとも言えるカフカの言葉は、奇妙な共感を呼び起こします。

**表面的な楽観主義を嫌い、本質的な悲観主義とも呼べる物事の捉え方を持つに至ったカフカ。**ネガティブを貫いたからこそ湧き出た言葉の数々は、不思議な力を持っているのです。

---

› 不幸というものは、耐える力が弱いと見てとると、そこに重くのしかかる。

——ウィリアム・シェイクスピア
（英国の劇作家・詩人／1564～1616）

› 自分ならできると思う。あるいは自分にはできないと思う。どちらも正しいの。

——メアリー・ケイ・アッシュ
（アメリカの化粧品会社創業者／1918～2001）

そんなカフカは、オーストリア＝ハンガリー帝国領（現チェコ）のプラハで、ユダヤ人商家のもとに生まれました。

カフカは長男で、次男と三男がいましたが2人とも幼くして死去しています。その後、妹が3人できました。

家庭は比較的裕福でしたが、子供時代から父親の精神的な圧力を苦痛に感じており、**父親へのコンプレックスがかなりあった**ことを日記や手紙などで明らかにしています。

また、チェコ人が多数の環境下で、ユダヤ人でドイツ語を使う自分自身に対しアイデンティティ的な土台の希薄さを感じていました。

プラハ大学で法学を修めた後は、肺結核を患うまで労働者傷害保険協会で、いわゆる公務員として実直に勤めています。

しかし、**官僚主義がはびこる組織の中、本音と建前とが平然と錯綜《さくそう》する「世の中の闇」を感じていました。**

---

› 人間は現在の自分を拒絶する唯一の生きものである。

——アルベール・カミュ

（フランスの小説家〔ノーベル文学賞受賞〕／1913～1960）

› 誰もがそれぞれの地獄を背負う。

——ウェルギリウス

（古代ローマの詩人／紀元前70～紀元前19）

一見すると、一般的な成人として社会生活を営んでいるように見えますが、神経質で思い悩みやすい気質もあり、その内面生活は日に日に一層の混沌《こんとん》を帯びていくようになっていきました。

冒頭の長文は、カフカが父親に宛てて書いた手紙の中身です。

**「正しさ」であったり「強さ」を押し付けてくる父親に対し、カフカは思いの丈をぶつけています。**

「[8]乗り越えられないのはもちろん、そもそも取っ付くことさえ不可能なのです」

と書くあたりがカフカらしいと言えます。

他にも、カフカはネガティブの中に潜む本質を次のように言い当てます。

「[8]すべてお終いのように見えるときでも、まだまだ新しい力が湧き出てくる。それこそ、おまえが生きている証なのだ。もしそういう力が湧いてこないなら、そのときはすべてお終いだ。もうこれまで」

---

› 我々はみな真理のために闘っている。だから孤独なのだ。寂しいのだ。しかし、だから強くなれるのだ。

——ヘンリック・イプセン
（ノルウェーの劇作家・詩人／1828〜1906）

› 孤独とは生命の要求である。

——セーレン・キルケゴール
（デンマークの哲学者・実存主義の創始者／1813〜1855）

「将来にむかって歩くことは、ぼくにはできません。将来にむかってつまずくこと、これはできます。いちばんうまくできるのは、倒れたままでいることです」⑧

「彼は、彫像を彫り終えた、と思い込んでいた。しかし実際には、たえず同じところに鑿《のみ》を打ち込んでいたに過ぎない。一心に、というよりは、むしろ途方にくれて」⑧

「カフカの言葉からは妙な力をもらえる」といった感想を持つ人がよくいます。

**きっとそれは誰もが感じている、（感じてはいるけれども）表には出さない（表に出してしまったらお終《しま》いのような気がする）、そんな本音をありのまま言葉の隅々に滲《にじ》ませているからではないでしょうか。**

落ち込んだり辛い時には、より一層悲しい旋律の音楽を聴くことで逆に気持ちが良い方向に向かうことを「同質の原理」と言いますが、カフカの言葉にも「同質の原理」と同じ作用があるのかもしれません。

---

› 君が独りの時、本当に独りの時、誰もができなかったことをなしとげるんだ。だから、しっかりしろ。

——ジョン・レノン
（英国のミュージシャン・「ビートルズ」のリーダー／1940～1980）

› 幸福は身体にとってはためになる。しかし、精神の力を発達させるものは悲しみだ。

——マルセル・プルースト
（フランスの作家／1871～1922）

絶望の境地とも呼べる精神状態になることとは、無意識的に避けてしまうものです。しかし、カフカの言葉を知るということは、まさにそのような精神状態になった人にしか見えてこない真理を垣間見ることを可能にします。

**この前、ぼくが道ばたの草の茂みに寝転ぼうとしていると、仕事でときどき会う身分の高い紳士が、さらに高貴な方のお祝いに出かけるために、着飾って二頭立ての馬車に乗って通りかかりました。ぼくは真っ直ぐに伸ばした身体を草の中に沈めながら、社会的地位から追い落とされていることの喜びを感じました。**

カフカは、世間で言うところの前向きな力を持ち合わせていませんでした。

> ぐちをこぼしたっていいがな　弱音を吐いたっていいがな　人間だもの　たまには涙をみせたっていいがな　生きているんだもの
>
> ——相田みつを
>
> （日本の詩人・書家／1924～1991）

むしろ、自ら意図的に前向きになることを拒んでいたとも言えます。**前向きにならないことを正当化するために自らネガティブの境地へと足を運んでいった**節もあると解釈できます。

というのも、カフカは時代の観察者であり、ネガティブな側面からその様相を眺めていました。

そんなカフカが生きた時代と現代とは異なるものですが、競争社会の中に人々が組み込まれているという構造には類似があります。

**万人競争社会と言っても過言ではない現代に生きる私たちは、否応なしに他者と自己との比較を強いられます。**

その結果、必然的に強者と弱者とに社会は二分されます。

もちろん価値基準は常に相対的なので、強者に分類されようが弱者に分類されようが、それはある基準の上だけのことであり、本人の存在自体とは関係のない話です。

---

› 私が悲観主義者か楽観主義者かの問いにはこう答える。私の知識は悲観的なものだが、私の意志と希望は楽観的だ。

——アルベルト・シュヴァイツァー
（ドイツ出身の哲学者・医者〔ノーベル平和賞受賞〕/1875～1965）

› 人生には二つの悲劇がある。一つは願いが達せられないこと。もう一つはそれが達せられること。

——バーナード・ショー
（アイルランドの劇作家〔ノーベル文学賞受賞〕/1856～1950）

しかし、当の本人の視点から見たらそんな達観視は難しく、**弱者になったらなったで辛く、一方で強者になったらなったで今度は強者でいられなくなってしまうことへの恐れを感じてしまうことでしょう。**

カフカは自分のことを弱者中の弱者であると自己評価していました。自己肯定感などというものは皆無であり、自己否定の念で頭の中はいっぱいでした。

ただ、カフカは弱者である自分自身にある種の安堵《あんど》を感じていました。

弱者の地位に甘んじるということは、強者になるための苦労をしなくてもよいということ。そして、強者から弱者に転落するかもしれないという恐れからも無縁でい続けられます。

カフカのこうした態度は、どのように評価されるでしょうか。

それとも評価の土俵にあがることを拒むでしょうか。

カフカは自作の小説からだけでなく己の生き方を通しても、社会に対して答

---

› 絶望した側が戦いに勝つことがよくある。

——ヴォルテール
(フランスの哲学者/1694〜1778)

› 疲れた人は、しばし路傍の草に腰を下ろして、道行く人を眺めるがよい。人は決してそう遠くへは行くまい。

——イワン・ツルゲーネフ
(ロシアの小説家/1818〜1883)

えの難しい問いを投げかけています。

## わたしは自由です。だから道に迷ったのです。

カフカの心はネガティブそのものでしたが、その歩みは絶望の中で自由そのもので、絶望の中で囚われることなく彷徨《さまよ》っていました。

カフカはよく、言葉によって物事の二面性を指摘します。

カフカは自己否定を極めることで、社会と精神的な距離を保ち、観察者の視点を獲得していました。

しかし、そんなカフカは囚われがないがゆえに、拠《よ》り所を見失いより一層の絶望へと自らを誘《いざな》っていきました。

「自由」に関連して次のようにもカフカは残しています。

---

› 孤独は優れた精神の持ち主の運命である。

——アルトゥル・ショーペンハウアー
（ドイツの哲学者／1788～1860）

› 道に迷うことこそ、道を知ることだ。

——東アフリカのことわざ

「精神は支えであることをやめるときに、はじめて自由となる」⑥

人は支えを必要としますが、同時に自由を求めます。

一方で、自由を手に入れるためには支えから自らを解き放つ必要があります。

しかし、支えを失った心は基準を見失い不安定になります。

カフカは自由と絶望とが紙一重であることを言い当てているのです。

もちろん、それはネガティブな世界に入り浸ったカフカだからこその視点ですが、だからといって無視しきれない考察を私たちに未だ語りかけてきます。

**生きることは、たえずわき道にそれていくことだ。本当はどこに向かうはずだったのか、振り返ってみることさえ許されない。**

› 私は孤独で自由だ。だが、自由はどこかしら死に似ている。

——ジャン=ポール・サルトル
（フランスの哲学者／1905～1980）

› 時代の風潮、自分を取り巻く環境、さまざまな価値観、それらを正しく見極め、自分の判断で行動できるのは、どこにも属さない「迷子」だけだ。

——夏目漱石
（日本の小説家／1867～1916）

そんなカフカは１９１７年、34歳という若さで結核を発症し離職します。その後は一時的に職場復帰を果たしますが、長期休暇と職場復帰とを何度も繰り返すようになります。

１９２２年には勤務が不可能となり退職します。

その後１９２４年、40歳の時、病床で死去しました。

ただ、晩年のカフカはむしろ結核という病に対して人生唯一のポジティブな捉え方をしています。

[8]「ぼくは今、結核に助けを借りています。たとえば子供が母親のスカートをつかむように、大きな支えを」

[8]「結核はひとつの武器です。ぼくはもう決して健康にならないでしょう。ぼくが生きている間、どうしても必要な武器だからです。そして両者が生き続けることはできません」

---

› 死と同じように避けられないものがある。それは生きることだ。

——チャールズ・チャップリン
（英国出身の映画俳優・プロデューサー／1889〜1977）

› 生きることへの絶望なしに、生きることへの愛はない。

——アルベール・カミュ
（フランスの小説家〔ノーベル文学賞受賞〕／1913〜1960）

カフカは、得体の知れない罪の意識に苛《さいな》まれると語っています。結核という病はある種の免罪符のように感じられたのかもしれません。

それとも、混沌を彷徨い拠り所を求めた心にとって、唯一の拠り所のように感じられたのでしょうか。

絶望を望み、しかし絶望に落ちきれない自分を恥じていたカフカにとって、結核という病は名実ともに自らを絶望へと誘ってくれる道標だったのでしょう。

解釈は如何様《いかよう》にもできますが、40歳という若さでこの世を去ったカフカの人生観は独特なものだったのです。

---

人生は後ろ向きにしか理解できないが、前を向いてしか生きられない。

——セーレン・キルケゴール
（デンマークの哲学者・実存主義の創始者／1813～1855）

神が我々に絶望を送るのは、我々を殺すためではなく、我々の中に新しい生命を呼び覚ますためである。

——ヘルマン・ヘッセ
（ドイツの小説家・詩人〔ノーベル文学賞受賞〕／1877～1962）

Another Story

## 恋人には猪突猛進。手紙を送り続ける「手紙魔」の一面も

カフカが生きた時代には携帯電話はもちろんスマホもSNSもありませんから、遠距離でのコミュニケーションといったら手紙か電報です。

男女の間のいざこざは歴史を通して普遍ですが、現代ほどに頻繁に連絡し合う時代は今までありませんでした。

しかし、カフカには文明の利器など不要です。携帯もSNSもなくてもいつでも連絡を保とうとします。

実はカフカ、「手紙魔」として知られています。「手紙魔」とは手紙を送りまくる人のこと。

カフカが29歳の時、24歳のフェリーツェと恋仲になります。初めこそ女心に慎重なカフカですが、思いが募るにつれて気持ちを抑えきれません。

多い時には、朝、昼、お茶の時間、夕方、夜、深夜、明け方と手紙を送ります。あまりに多いものですから、読む順番を間違えないようにと番号を振る丁寧ぶり。

それが毎日続くだけでなく、相手にも同じ頻度で返信することを求めます。

相手の返信が遅い時にはその理由を問い、あげくの果てには催促の電報を送る始末。

有り余る文才は恋人への手紙にも発揮されました。ただ、誰でもカフカのように文章が上手なわけではありませんから、カフカと同じペースで返信するなど無理に決まっています。

恋した女性には猪突猛進。かまってちゃんな一面のあるカフカでした。

Story 5

# 周りの評価を気にしてしまう人へ

## アルフレッド・アドラー

**アルフレッド・アドラー**　1870年2月7日 - 1937年5月28日（67歳没）

オーストリア出身のユダヤ人精神科医、心理学者。ウィーン大学医学部を卒業後、眼科医、内科医として活動する中で人の人格に影響を与えるコンプレックスの存在に着目する。個人心理学（アドラー心理学）の創始者であり、フロイト、ユングと並んで心理学三巨頭と呼ばれる。

# ほかの人の自分に対する評価は、その人の個人的な意見であり、自分の評価そのものには関係しない

アドラーは、20世紀初めに活躍した心理学者です。

同時代に活躍した心理学者には他に、ジークムント・フロイト、グスタフ・ユングなどがいます。

無意識について最初に扱い、精神分析学を打ち立てた心理学者フロイト。さらなる深層心理に迫り、普遍的意識を研究し分析心理学を創始したユング。

一方でアドラーは良好な人間関係を築くための理論や心理療法について研究し、個人心理学（別名アドラー心理学）を創始しました。

アドラーは、人間の心というのは意識と無意識の領域といったように簡単に

心に残る関連名言集

› お前の道を進め、人には勝手なことを言わせておけ。

――ダンテ・アリギエーリ
（イタリアの詩人・哲学者／1265～1321）

分割できるものではなく、もっと総合的なものであると捉えていました。

**「あらゆる悩みは人間関係に由来する」と断言するなど、私たちの日常的な心理に寄り添い提唱されるアドラーの考え方は現代社会が抱える問題に通じる部分が多く、**より実践的に役立つ心理学として評価されています。

そんなアドラー心理学の考え方の一つに「課題の分離」というものがあります。

**これは、他者の課題と自分の課題とを切り分け、他者の課題に自分から入り込まないこと、そして自分の課題には他者を入り込ませないようにするという考え方です。**

「課題」という言葉が使われていますが、この言葉が意味する範囲は広く、「宿題をするかどうか」といった意思決定レベルのものから、「相手のことをどう思うか」といった人間関係レベルまで、その他にも広く当てはめて考えることができます。

---

› だれかが僕の感情を害するとき、悪意が届かないように自分の魂を高く上げるんだ。

——ルネ・デカルト
（フランスの哲学者・数学者／1596〜1650）

› あなたの心が正しいと思うことをしなさい。どっちにしたって批判されるのだから。

——エレノア・ルーズベルト
（アメリカのファーストレディ・人権活動家／1884〜1962）

ここで重要になってくるのは「誰の課題か」という点です。

例えば「宿題をするかどうか」については、宿題を与えられた人（例えば子供）の課題であり、その他の人（例えば親）の課題ではありません。

また、「相手のことをどう思うか」については、思う側の課題であって、思われる側の課題ではありません。

いったいどちらの課題なのかを判断する基準は、「最終的に決定を下すのは誰か」で決まります。

宿題をするかどうかを最終的に決めるのは、宿題を与えられた人ですし、相手をどう思うかを最終的に決めるのは、思う側です。

「課題の分離」では、他者の課題なのか自分の課題なのかを見極め、**他者の課題なら踏み込まないし不用意に考えない、そして自分の課題なら他者に決定させないという態度を重要視します。**

---

› 俺は議論はしない、議論に勝っても、人の生き方は変えられぬ。

――坂本龍馬

（幕末の志士・土佐藩郷士／1836～1867）

› 私に批判的な人たちが私のことを何と言おうと、彼らが真実を語らない限りは気にしない。

――マーク・トウェイン

（アメリカの小説家／1835～1910）

「陰口を言われても嫌われても、あなたが気にすることはない。相手があなたをどう感じるかは相手の課題なのだから」[9]

この言葉もアドラー自身の言葉ですが、「課題の分離」の考え方が反映されています。

他の人が自分をどう評価するか、というのはその他者の課題です。なぜならば、最終的に自分についてその人がどのような評価を下すかを決めるのはその人自身だからです。

もしその人が自分に対して良い評価を下したのなら気分が良いでしょう。もしその人が自分に対して悪い評価を下したのなら気分が悪いことでしょう。

しかし、気分が良くなろうが悪くなろうが、**最終的な決断を下す他者の評価に対して、一喜一憂したり、はたまた評価を訂正するように迫ることは、そもそも不可能なことであるばかりか他者の課題に踏み込むことになってしまいます。**

› われわれに関する他人の悪評は、しばしば本当は我々に当てられているのではなく、まったく別の理由から出る腹立ちや不機嫌の表明なのである。

——フリードリヒ・ニーチェ
（ドイツの哲学者／1844～1900）

アドラー心理学では、そのように他者の課題に踏み込むことを良しとしません。

一方で自分が自分をどう評価するかというのは、自分の課題です。

なぜならば、最終的に自分をどう評価するか決定を下すのは自分自身に他ならないからです。

そのため、**他者が自分自身をどのように思おうと、自分が自分自身をどのように思うかに対しては一切の影響を持ち得ないのです。**

アドラーが生きた時代と現在とでは、コミュニケーションのあり方が大きく異なっています。

私たちは、インターネット上でどんな時でも他者とつながっている社会の中に生きています。

その社会は、SNSなどを通じて他者の視線に常に晒《さら》されていると心理的に感じてしまいやすい構造になっています。

› 悩みや心配事には二つの種類がある。君が何かできるものと、どうしようもないものだ。後者については、時間をかけてもしょうがない。

——デューク・エリントン

（アメリカのジャズオーケストラリーダー／1899～1974）

**いつでもつながれるのは便利ではある一方で、必要以上に人間関係の悩みを抱えやすくなってしまっています。**

そんな社会の中にいると、他者の目線を必要以上に気にしてしまうものです。

しかし、アドラーが提唱する「課題の分離」の考え方は、そんなしがらみの中から私たちを解放してくれます。

他人が自分をどう思うかというのは、結局のところ自分にはどうすることもできないのだから、**そのことについて一喜一憂する必要はない。**

自分自身をどう評価するかを最終的に決めるのは自分なのだから、他人からの評価で傷つかなくてもいいのだと、アドラーは教えてくれます。

› 友達に好かれようなどと思わず、友達から孤立してもいいと腹をきめて、自分を貫いていけば、本当の意味でみんなに喜ばれる人間になれる。

——岡本太郎
(日本の芸術家／1911〜1996)

## あなたが劣っているから劣等感があるのではない。どんなに優秀に見える人にも劣等感は存在する。目標がある限り、劣等感があるのは当然のことだ。

さて、そんなアドラーですが、幼少期は辛い思いも多くしたようです。

アドラーは1870年2月7日に、オーストリアの首都ウィーンにて、ハンガリー系ユダヤ人の父とチェコスロヴァキア系ユダヤ人の母との間に生まれました。

家庭は裕福で6人の兄弟がおり、アドラーは次男でした。

しかし、アドラーは幼い頃から兄弟の中でも体が弱く病弱で、くる病という骨が曲がってしまう病気が原因で体を思うように動かすことができませんでした。

4歳の時には肺炎を患い、生死を彷徨《さまよ》う経験もしました。成人しても身長は154cmと小柄でした。

---

自分をその人より優れているとも、偉大であるとも思わないこと。また、その人を自分より優れているとも、偉大であるとも思わないこと。そうした時、人と生きるのがたやすくなる。

――レフ・トルストイ
（ロシアの小説家・思想家／1828～1910）

人生はいたって単純。競争なんて本当は存在しないし、勝たなきゃいけないレースもない。

――スザンヌ・サマーズ
（アメリカの女優・作家／1946～）

**そのような過去もあり、アドラーは他者と自分とを比較し劣等感を感じていました。**

その後、アドラーはウィーン大学の医学部を卒業し眼科医、のちに内科医として活動します。

診療所の近くには遊園地があり、アドラーのもとを訪れる患者は大道芸人など、自らの身体能力で生計を立てている人が多くいました。

患者の中には幼少期には体が弱かったものの、努力によってそれを乗り越えたり逆に活かしている人が多くいることを知ります。

そうした経験からアドラーは、**身体的なハンディキャップは必ずしも劣等感につながるものではないのだと気づきます。**

アドラーは、私たちが感じる劣等感というものは主観的なものであり、他者との比較によってだけではなく、理想の自分との比較によっても感じるものであると考えます。

---

› 40年間負けん気でもってたみたいなもんです。逆に言うと、劣等感や怯えがあったから、続いたともいえるんですね。

——手塚治虫
（日本の漫画家／1928～1989）

ただし、「劣等感」それ自体の否定はしません。

また、人間には誰しも「優越性の追求」という性質があるとします。これは、向上したいと願い理想の状態を追求することです。

こう言うと競争によって他者より抜きん出ようとすることと思われがちですが、**アドラーの真意は理想の自分に近づこうとする意志のことです。**

他者との比較を通じて感じる劣等感は、他者との競争をもたらしてしまいます。

競争には勝ち負けがつきものであり、競争の中で他者と自分を比べ続けていると、他者より上にいることが安心で、他者より下にいることが恐怖という状況から抜け出せなくなります。

だからこそアドラーは、**他者との競争意識の中に自分を置き続けてしまうことに警告を発してるのです。**

「人の成功＝自分の負け」になってしまう状態から抜け出すためにも、あくま

---

› 最高位に登らんとせば最下位より始めよ。

——プブリリウス・シルス
（古代ローマの喜劇作家／紀元前85～紀元前43）

でも比較は自分の理想と行うべきであるとしています。

**そうした理想の自分自身との比較を通して生まれる劣等感というのは「健全な劣等感」であり、それは健康で正常な努力と成長への良い刺激であると言います。**

私たちは知らず知らずのうちに、他者との比較の中で自分の価値というものを見出してしまいがちです。

しかし、そのような方法でしか自分の価値を見出せないでいると、長い目で見た時に必ずいつか敗者になってしまいます。

「あなたが劣っているから劣等感があるのではない。どんなに優秀に見える人にも劣等感は存在する。**目標がある限り、劣等感があるのは当然のことだ**」[9]

これはアドラーが残した言葉。

他者との比較の中で自分の価値を過小評価してしまい、不当に自信を失って

---

› コンプレックスは、あったほうがいい。劣等エネルギーは、人生を前進させる馬力になる。

——斎藤茂太
(精神科医・随筆家／1916〜2006)

しまっている自分自身を助け出してくれる考え方です。

## もっとも重要な問いは「どこから」ではなくて「どこへ」である

アドラー心理学では悩みから解放してくれる考え方が多く紹介されますが、「目的論」という考え方も非常に役に立ちます。

これは人間の行動は目的に従うというもの。

さて、私たちは原因がまずあってその後に行動が続くと思う傾向にあります。

引きこもるのは、引きこもってしまう原因があり、
怒って怒鳴ってしまうのは、怒ってしまうに足る原因があり、
泣きじゃくってしまうのは、泣きじゃくるほどの原因があると考えます。

---

> 大事なのは今までのあなたじゃなく、これからのあなた。
>
> ——エラ・フィッツジェラルド
> （アメリカのジャズシンガー／1917～1996）

> 人間には、それぞれの運命があるにしても、人間を超越した運命というものはない。
>
> ——アルベール・カミュ
> （フランスの小説家〔ノーベル文学賞受賞〕／1913～1960）

そして、その原因にばかり注目してしまいます。
しかし、目的論の視座に立った途端に見え方は変わります。
引きこもるのは、引きこもることによって達成できる目的があるから、
怒って怒鳴るのは、怒り怒鳴ることによって達成できる目的があるから、
泣きじゃくってしまうのは、泣き喚《わめ》くことによって達成できる目的があるから、
であると捉えます。
その目的の中身は時と場合によって異なりますが、多くの場合はそのことによって他者を操作したり、現実から目を背けたり、状況を変えたりするためかもしれません。
もちろん、何から何まで目的論に合わせようとするのは、時には無理があることでしょう。
しかし、アドラーの真意は事実の正しい描写の仕方にあるのではなく、**どの**

---

› **どこへ行きたいのかわからなければ、目的地に着いても気づかない。**

**——エルヴィス・プレスリー**
（アメリカのミュージシャン・俳優／1935〜1977）

**ような捉え方をすれば前向きな態度につながりやすいかという実践的な効果にあります。**

**原因に着目することに比べると、目的に着目することは前向きな行動につながります。**

なぜならば、過去にある原因は変えることができませんが、未来にある目的は変えることができるからです。

[5]「問題の原因などどうでもいい。大切なのは解決策とこれからどうしたいかだ」

[5]「過去を後悔しなくていい。未来に怯えなくていい。そんなところを見るのではなく、いまこの時に集中しなさい」

[9]「人の心理は物理学と違う。問題の原因を指摘しても、勇気を奪うだけ。解決法と可能性に集中すべきだ」

アドラーはこのようにも言い残しています。

---

› 忘れるのは、忘れたいからである。

——ジークムント・フロイト
（オーストリアの精神科医／1856～1939）

自分の行動というのは未来の目的によって決まるのならば、過去の出来事に縛られる必要はありません。

過去にばかり注目し、過去が現在の行動を規定しているのなら、私たちは変わることができません。

しかし**目的に注目し、目的によって自分の今が決まると捉えるなら、その目的を自在に操ることによって自分自身を変えることができるのです。**

**人間は、自分の人生を描く画家である。**
**あなたをつくったのはあなた自身。**
**これからの人生を決めるのもあなただ。**

「課題の分離」「自己の理想との比較」「目的論」。

ここまで紹介した3つだけでも、私たちの視点を変え、前向きな活力をもた

› 人間は環境の創造物ではない。環境が人間の創造物である。

――ベンジャミン・ディズレーリ
（英国の政治家／1804～1881）

らしてくれる大きな力がアドラー心理学にはあることがわかります。

現代社会は、ある意味で誰もが「正しさ」というものを見失いがちです。情報は錯綜《さくそう》し、あらゆる価値観は大衆意見の中で容易に相対化され、一方で**「正しく見える」だけの「正しさ」に縛られています。**

アドラーは20世紀を生きた心理学者（というより人生の哲学者）ですが、その考え方は21世紀を生きる私たちにとって救いとなるような気づきをもたらしてくれます。

**アドラーは私たち一人ひとりのことを己の人生を自由に描く画家であると喩《たと》えます。**

白いキャンバスに、自由に選ぶ自分色でもって絵を描くのです。どのような絵を描いていくのかについて、他人は決定権を持ちません。どのような絵を描いていくのかを決めるのは、他でもない自分自身なのです。

› 僕らの人生は、僕らのアートなのさ。

——ジョン・レノン

（英国のミュージシャン・「ビートルズ」のリーダー／1940～1980）

› どのような状況になろうとも、人間には一つだけ自由が残されている。それは、どう行動するかだ。

——ヴィクトール・フランクル

（オーストリアの精神科医／1905～1997）

「[5]どんな能力をもって生まれたかはたいした問題ではない。重要なのは、与えられた能力をどう使うかである」

アドラーはこのようにも言い残しています。

どうすれば悩みに支配されることなく、元気な気持ちで前向きになれるか。

私たちの悩みに寄り添い、前向きな捉え方を教えてくれたアドラーの言葉は、今なお私たちの心に寄り添ってくれています。

---

› 物語をつくるのはあなたです。自分の人生を好きなように結末までつくりあげなさい。

——ジョセフ・マーフィー
（アイルランド出身の著述家／1898～1981）

Another Story

# どんなに有名になっても
# 質素・倹約が売りのアドラー先生

とある心理学の授業後の話。アドラーは学生たちとのランチを楽しんでいました。

大学側から用意されたお昼ご飯を食べながら学生たちと談笑している時、一人の女性が突然腹を立ててこう言います。

「毎日先生にサンドイッチを食べさせるなんてひどいって言ったのですよ。先生のような偉大な方に」

女子学生はアドラーの考えに非常に感銘を受けており、そんな偉大な先生がサンドイッチといった庶民的な食事を大学側から提供されていることに怒っているのでした。もっとご馳走《ちそう》を振る舞うべきだと！

そんな女子学生に対してアドラーがこう返します。

「いいですか。もしも私の中に偉大さというものがあるとすれば、私が食べたもののためではありませんよ」

どんなに有名になっても質素倹約家で謙虚なアドラー先生なのでした。

Story
6

# トラウマに悩んでいる人へ

## オードリー・ヘプバーン

**オードリー・ヘプバーン**　1929年5月4日 - 1993年1月20日（63歳没）

ハリウッド黄金期に活躍した女優。『ローマの休日』『ティファニーで朝食を』『マイ・フェア・レディ』など数々の名作の主役を飾る。晩年は国際連合児童基金（ユニセフ）の親善大使として広く活動し、世界平和を呼びかけた。

## わたしにとって最高の勝利は、ありのままで生きられるようになったこと、自分と他人の欠点を受け入れられるようになったことです。

「永遠の妖精」の異名を持つオードリー・ヘプバーン。

黄金時代のハリウッドで活躍した女優で、映画界・ファッション界において今なおアイコン的存在として君臨します。

『ローマの休日』（１９５３年）、『ティファニーで朝食を』（１９６１年）、『マイ・フェア・レディ』（１９６４年）をはじめとする数々の名作で主演女優を務めた彼女の魅力は、一言では言い表せないでしょう。

アメリカン・フィルム・インスティチュート（ＡＦＩ）の「最も偉大な女優50」では第3位にランクイン、その他にも数々の栄誉ある賞を受賞しました。

心に残る関連名言集

本当はコンプレックスを感じていても、自分は美しくて、そのことを誰よりも自分が一番知っていて自信に満ち溢れているように振る舞うの。そうすると周りの視線を奪えるのよ。

——ケイティ・ペリー
（アメリカのシンガーソングライター／1984〜）

しかし、**そうした華々しい実績とは裏腹に、オードリー・ヘプバーンの子供時代とそれに続く10代は苦難の連続でした。**

オードリー・ヘプバーンは、世界恐慌が始まる1929年、ベルギーのブリュッセルにて誕生します。

両親の仲は悪く、オードリーが6歳の時に父親が家から出ていき離婚してしまいます。

また、母親も父親も子供に愛情を示すのが苦手な人で、オードリーは幼少期から厳しく育てられました。

そして世界情勢の雲行きが日に日に怪しくなっていく中、彼女の10代はまさに第二次世界大戦の真っ只中《ただなか》にありました。

1940年、11歳の頃、当時住んでいたオランダにドイツが進軍し占領下に置かれ、**10代という多感な時期に陰惨な光景の数々を目の当たりにすることになります。**

---

> わたしはそれがつらいことであったとしても、過去の記憶を遮断しようとしたことがない。わたしには自分の過去から目をそらす人が理解できないの。人生で経験したことは何であれ、今のあなたにとって助けになるものだから。

——ソフィア・ローレン
（イタリアの女優／1934～）

> 誰にでも身体のコンプレックスはある。どんなに完璧な人にでもコンプレックスがあることを意識すると、自分らしく生きられるようになる。

——テイラー・スウィフト
（アメリカのシンガーソングライター／1989～）

ユダヤ人の子供が親と引き離され強制収容所に送り込まれる悲惨な姿も目の前で見ます。

親戚を含めドイツに抵抗した人が次々に処刑される残酷な姿も目の前で見ます。

5歳から始めて一生懸命頑張っていたバレエの練習もまともにできなくなってしまいました。

1943年頃には14歳にして反ドイツ運動に協力し、秘密裏にバレエの公演を行い資金集めを手伝います。

また、戦時下での食糧不足は深刻で、特に1944年にオランダで大飢饉《ききん》が発生した時には飢えと寒さで死者が続出。

**オードリーはチューリップの球根を食べて飢えを凌《しの》いでいました。**

終戦時には、身長168cmにして体重はたったの41kg。貧血、喘息《ぜんそく》、黄疸《おうだん》、水腫にかかっていました。

ユニセフ前身の連合国救済復興機関（UNRRA）から配給された食料は、

---

› ある時、劣等感に凝り固まらずに、自分の欠点を素直に受け入れ、それを克服する努力をしようと決心しました。そうすれば、挫折感を味わうこともないと考えたのです。

——稲盛和夫
（日本の実業家／1932～）

› 自分の価値は自分で決めることさ。つらくて貧乏でも自分で自分を殺すことだけはしちゃいけねぇよ。

——勝 海舟
（幕末の武士・政治家／1823～1899）

食べても吐いてしまいます。あまりの衰弱ぶりから体が受け付けることができなかったほどです。

戦後、状況が少し落ち着くと、オードリーはバレエの稽古を再開します。しかし、高身長と戦時下の栄養失調の影響で体格や筋肉のつきが悪く、これから頑張っても主役のバレリーナにはなれないだろうと、当時通っていたバレエ学校で宣告されてしまいます。

どうしようもない身体的な理由で夢を断念しなくてはならないのはとても辛いものです。

ただ、当時生活費を稼ぐために携わっていた演劇の方で、オードリーの人生は開けていくのでした。

22歳だった1951年、なんとアメリカで大ヒットした小説『ジジ』の舞台の主役に大抜擢《ばってき》されます。

オードリーが主役の舞台は大好評で、たちまちに注目を集めます。また、最

不快な状況に対峙《たいじ》するなかれ。我慢ならなくとも、受け入れよ。そうするよう心掛ければ、うまくいく。

——ウィリアム・ジェームズ
（アメリカの哲学者・心理学者／1842～1910）

初はただのラッキーな女性程度に思われていたオードリーでしたが、そのひたむきに努力する姿に周りの人々もオードリーを認めるようになります。

その後は、1953年公開の『ローマの休日』、1954年公開の『麗しのサブリナ』と連続で大ヒット。映画界ではアカデミー賞を、演劇界ではトニー賞を受賞するなど一躍、時の人となりました。

しかし、そのように見た目においても演技力においても世界最高峰の名声を得ていながらも、**実は当の本人的には自分の見た目や演技力に対して強いコンプレックスを持っていたようです。**

痩せすぎ、胸がない、背が高すぎる。足が大きい、歯並びが悪い、顔が四角い、鼻の穴が大きい、などなど。

見た目に対するコンプレックスが多くありました。

また、**バレエ一筋だったオードリーにとっては演技にしても歌にしても素人同然で、プロフェッショナルとして舞台に立つことに対して常に不安を感じていました。**

---

› 自分の欠点を直視し認めることです。ただし欠点に振り回されてはいけません。忍耐力、優しさ、人を見抜く目を欠点から学びましょう。

——ヘレン・ケラー
（アメリカの教育家・社会福祉活動家／1880〜1968）

ただ、そうしたコンプレックスを前にしてもオードリーは逃げ腰になるのではなく、自分の欠点と向き合いました。

「[10]自分自身に対して、100パーセント素直になって、欠点から目をそらさずに正面から向かい合い、欠点以外のものに磨きをかけるのです」

こうしたオードリーの言葉には、自分のコンプレックスに対してどのように立ち向かっていったのかについてのオードリーならではの姿勢が表れています。

もちろん私たちからしたら、かのオードリー・ヘプバーンがコンプレックスを持っていたと言われたところで心に響かないかもしれません。

しかし、**コンプレックスというのは周囲が決めるものではなく、その人自身がどう感じるかなのです。**

オードリーは、確かにコンプレックスを抱え、悩んでいました。それは、スタイルにしてもパフォーマンスにしても一流揃いの社会の中にいたからかもし

---

› コンプレックスを理由にして現実から逃げ出す人はいる。でもコンプレックスをバネにして大成功をする人もたくさんいるのだ。

——アルフレッド・アドラー
（オーストリアの精神科医／1870～1937）

れません。

オードリーは、**そうした悩みを前にしても挫《くじ》けるのではなく、より一層の工夫と努力によって「自分なりに」コンプレックスを抱える心との折り合いをつけていったのです。**

**私は、自分で物事を考える能力があることを誇りに思っています。私の判断に逆らって、私に何かさせることは、誰にもできないのです。愛する夫にさえ、できないのです。**

オードリーは漠然とした不安感を常に心に抱いていました。それは、幼少期の早い段階で両親が離婚してしまったことや、厳しかった母親の影響、また戦時下での恐怖体験にも原因があったことでしょう。

---

› 私たち一人ひとりが航海しているこの人生の広漠とした大洋の中で、理性は羅針盤、情熱は疾風。

——アレキサンダー・ポープ
（英国の詩人／1688～1744）

後年、「私は優しく抱きしめてくれる人を探して、家じゅうを歩きまわり、叔母や乳母に手を伸ばしたものです」[10]と語っています。

**いわば「心の安全地帯」なるものをオードリーは持っておらず、いつもどこか不安感に苛《さいな》まれていたのです。**

また、実はオードリーは二度結婚し、そして二度離婚しています。

そして、それら二度の離婚をいずれも「最悪の失敗」として捉えており、自分を責め、深く傷ついていました。

オードリーは**幼少時代に親の愛を十分に感じながら育つことができなかったからこそ、「幸せな家族」に対する執着がありました。**

「大切なのは、どんな花を選ぶか、どんな音楽をかけるか、どんな笑顔で待つか、そういうことです。私は家庭を陽気で楽しい場所にしたいのです。この不安だらけの世界から逃れられる安息の地にしたいのです」[10]

---

› 世間が求めることは問わないこと。自分が元気になれることを見極め、努力しましょう。なぜなら、この世が必要としているのはイキイキと輝いている人間なのですから。

——ハワード・サーマン
（アメリカの作家／1899～1981）

› 自分の生きる人生を愛せ。自分の愛する人生を生きろ。

——ボブ・マーリー
（ジャマイカのシンガーソングライター／1945～1981）

こうした言葉からも、理想の家庭に対するオードリーの強い思いがうかがえます。

実際、人気絶頂期にもかかわらず子育てを優先しており映画への出演の数も制限していました。

しかし、そうしたオードリーの思いとは裏腹にその時々の夫は不貞を働き、オードリーを悲しませ追い込みました。

それでも、オードリーには失敗を自分の責任にする傾向がいつもありましたから、離婚の際にも子供の前では夫の悪口などは言わず、ひたすら罪の意識を感じていたようです。

「私はこの不安や劣等感をどうにかして、プラスに転じたかった。そのためには、強い精神力を養う以外に方法はないと思い、努力したのです」[⑩]

そう語るように、**オードリーにとっては自分は自分なりに最大限の努力をしているという自信だけが、自分の精神を支えていたようです。**

---

› 正しかろうが間違っていようが自分らしく生きよ。安易に服従してしまう臆病者よりずっと立派だ。

——アーヴィング・ウォーレス
（アメリカの作家／1916～1990）

そうした心理的葛藤も苦難の中から選びとる行動も、すべて自分の意志で決めていたという自負があったことはオードリーの強さであったと言えるでしょう。

私たちは辛さの真っ只中にいるとき、どこか客観的な思考を放棄してしまい、ネガティブな流れに身を任せてしまいがちです。

ただ、その方法では辛さから抜け出すことはできず、その場からの行動も後ろ向きなものになってしまうでしょう。

そんな時であったとしても、**常に自分を見失わない視点を保つ姿勢が大切なのだ**とオードリーは思っていたのでした。

**どんな日であれ、その日をとことん楽しむこと。ありのままの一日。ありのままの人々。過去は、現在に感謝すべきだということを**

---

› わたしはその日その日をあるがままに生きようとしてきました。そして明日におびえず、無駄な心配をしないようにしてきたのです。わたしたちを臆病にさせるのは、将来への暗い見通しなのですから。

——ドロシー・ディックス
（アメリカのジャーナリスト／1861～1951）

› 私は生きていることが好きだ。時々狂わんばかりに、絶望的に、胸が痛いほど惨めになり、悲しみに身もだえするけれども、その間も生きていること自体は素晴らしい、とはっきりと自覚している。

——アガサ・クリスティ
（英国の推理作家・1890～1976）

## わたしに教えてくれたような気がします。未来を心配してばかりいたら、現在を楽しむゆとりが奪われてしまうわ。

オードリーは、自分の辛い過去をどのように乗り越えていったのでしょうか。

そして、どのような心持ちで自分の人生と向き合うようになったのでしょうか。

幼少期の親の離婚。10代という多感な時期に戦時下の苦しい生活。バレリーナになるという夢は諦めるしかなく。女優としてのキャリアは開けるものの、そこにつきまとう心理的プレッシャー。二度の結婚、二度の離婚。度重なる流産。

過去を振り返ってみた時、辛い時の記憶がこれでもかと湧き上がってきそうです。

---

› 人生とは、今日一日一日のことである。確信を持って人生だと言える唯一のものである。今日一日をできるだけ利用するのだ。何かに興味を持とう。自分を揺すって絶えず目覚めていよう。趣味を育てよう。熱中の嵐を体じゅうに吹き通らせよう。今日を心ゆくまで味わって生きるのだ。

――デール・カーネギー
(アメリカの著述家／1888～1955)

しかし、「⑩不幸な体験は、私の人生に積極性を与えてくれました」。このようにもオードリーは言い残しています。

ここで特筆すべき点は、不幸な過去に対するオードリーの捉え方です。

**過去がどんなに苦しいものであったとしても、それを抑え込んだり無視したりするのではなく、自分なりに心理的な折り合いをつけ、「今」を生きる活力に変化させているのです。**

「現在に対する感謝」「人生に対する積極性」という形で辛い過去を変化させるのは、そうそう簡単にできるようなことではないでしょう。

しかし、そうした捉え方も選択肢としてありうるのだということは、辛い過去と向き合う時の一つの道標となりそうです。

**大きくなったとき、きっと、**
**自分にもふたつの手があることを、**

---

› あなたのまわりにいまだ残されているすべての美しいもののことを考え、楽しい気持ちでいましょう。

——アンネ・フランク
(『アンネの日記』の著者/1929〜1945)

› 敵が友となる時、敵を滅ぼしたと言えないかね?

——エイブラハム・リンカーン
(アメリカの第16代大統領〔奴隷解放の父〕/1809〜1865)

## 発見するだろう。ひとつの手は自分を支えるため、もうひとつの手は誰かを助けるため。

晩年のオードリーは、1988年から1992年までユニセフの親善大使として広く活動します。

オードリー自身も戦後、ユニセフの前身組織である連合国救済復興機関（UNRRA）によって助けられたということもあり、運命的なものを感じていました。

また、自身の女優としてのキャリアが結局のところ何につながったのかという意義の点で思い悩んでいたオードリーにとって、**ユニセフの親善大使としてその知名度を活かす活動ができたということは、人生の終盤にして自分の人生の意味を見つけたような深い満足感があったようです。**

しかし、1993年、スイスの自宅でガンのために63歳という年齢でこの世を去ります。

---

› 世の中に実に美しいものが沢山あることを思うと、自分は死ねなかった。だから君も、死ぬには美しすぎるものが人生には多々ある、ということを発見するようにしなさい。

——ヘルマン・ヘッセ
（ドイツの小説家・詩人〔ノーベル文学賞受賞〕／1877～1962）

› 大切なのは、どれだけ多くをほどこしたかではなく、どれだけ多くの愛をこめたかです。

——マザー・テレサ
（カトリック教会の修道女〔ノーベル平和賞受賞〕／1910～1997）

「[10]どんな人も拒絶してはいけないよ。助けが欲しいとき、必ず誰かが、手を差し伸べてくれることを、忘れないで。大きくなったとき、きっと、自分にもふたつの手があることを、発見するだろう。ひとつの手は自分を支えるため。もうひとつの手は誰かを助けるため。お前の『すばらしき日々』はこれから始まる。どうかたくさんのすばらしき日々が訪れるように」

これは、死を迎える最期、自室にて愛する息子たちへのラストメッセージです。

アメリカの作家、サム・レヴェンソンの『時の試練をへた人生の知恵』（未邦訳）という詩集からの抜粋ですが、死を前にしたオードリー・ヘプバーンの最後のメッセージとして私たちの心にも訴えかけてくるものがあります。

その生い立ちから人間性、そして晩年の慈善活動まで、オードリー・ヘプバーンが生きた人生は私たちに多大な気づきをもたらします。

---

› 感謝は人生の豊かさの鍵を開ける。私たちが持っているものを、充分以上のものにする。否定を受容に変え、混沌《こんとん》を秩序に、漠然を明瞭へと変える。感謝は、過去を意味あるものとし、今日に平和をもたらし、明日のための展望を創る。

——メロディ・ビーティ
（アメリカの作家／1948～）

Another Story

# ヒロインになれた勝因はおちゃめな一面？

オードリーを超える天性のあざと女子はなかなかいないでしょう。
そのあざとさの何が憎めないかって、オードリーが素でそれをやってのけてしまうからです。

実はオードリー、そんな天性のあざとさによって、かの有名な大ヒット映画のヒロイン役を勝ち取っています。その映画はなんと『ローマの休日』です。

『ローマの休日』のヒロインを決めるオーディションの時のこと。
ウィリアム・ワイラー監督はスタッフに「カット」の合図の後もカメラを回し続けるように指示します。オードリーの素の様子もカメラに収め、判断材料にするためです。

王女がベッドに身を投げ出すシーンが終わると、スタッフによる「カット！」の声がスタジオに響き渡ります。
しかしオードリーはピクリとも動きません。

「まさかそのまま寝た？　カットの合図に気づいていない？」とスタッフ一同どよめきます。

もう一度スタッフが「起きていいよー！」と声をかけると、オードリーは「カットと言う資格のある人は1人しかいません」と言って、うつ伏せたままクスクス笑い出します。

監督が「カット！」と言わないと私は起きません！と言わんばかり。

しぶしぶ監督が「カット！」と言うと、無邪気な笑顔でオードリーは起き上がってくれました。そんな陽気で無邪気な姿に、スタジオはほんわかとした和やかな雰囲気に包まれます。

天性のあざとさでヒロインまで勝ち取ってしまう、あざと女子なオードリーなのでした。

Story
7

# チャレンジする勇気を持てない人へ

# ライト兄弟

**兄ウィルバー・ライト**　1867年4月16日 - 1912年5月30日（45歳没）
**弟オーヴィル・ライト**　1871年8月19日 - 1948年1月30日（76歳没）

アメリカ出身の動力飛行機の発明者で世界初の飛行機パイロットの兄弟。『LIFE』誌が1999年に選んだ「この1000年で最も重要な功績を残した世界の人物100人」に選ばれた。

## 希望はなくても勇気を奮い立たせろ

どうして鳥たちは、ああも優雅に大空を飛ぶことができるのだろうか。自分も鳥のように飛べたらなんて素晴らしいだろう。

そのような思いを誰しも一度は持ったことがあるでしょうし、人類がその自我を芽生えさせた時から脈々と受け継がれてきた欲求です。

それからいくら月日が経とうと人類に羽が生えることはありませんでしたが、別の形でその長年の夢は叶《かな》いました。

それが飛行機の発明です。

そんな人類史に残る大快挙を成し遂げたのが、兄ウィルバー・ライトと弟オーヴィル・ライト、通称ライト兄弟です。

**ライト兄弟の物語を一言で言ってしまえば飛行機誕生物語ですが、その実態は「勇気と希望の物語」です。**

---

心に残る
関連名言集

名誉を失っても、もともとなかったと思えば生きていける。財産を失ってもまたつくればよい。しかし勇気を失ったら、生きている値打ちがない。

——ゲーテ
（ドイツの詩人・小説家・劇作家／1749～1832）

資産家の息子でもなければ、航空学の専門家でもなく、ましてや2人とも高卒どまり。

融資の伝手《つて》もないので自費で取り組むしかなく、教えてくれる人もいないので必要な知識は独学で身につけるしかない。

人間が飛んだなどという前例はなく、空気よりも重い機械が空を飛べることなど理論的に無理と専門家は言う。

さらに恐ろしいことに、同じ夢を語る世界中の同志たちは必然とも思える事故で天空から舞い落ち、その短い命を終える。

そんな中にあっても己の力だけで暗中模索の日々を抜け、ついに1903年12月17日、アメリカのノースカロライナ州キティホークの砂丘にて、**12馬力の自作小型エンジンを積んだ「ライトフライヤー号」は世界初の有人動力飛行に成功しました。**

この瞬間を機に「人は空を飛べない」というそれまでの常識は破られ、限界

---

› 行動する前から叩かれてしまうこともあります。それでも行動するのがほんとうの勇気です。

——ハーパー・リー
（アメリカの小説家／1926～2016）

› 偉大なことを成し遂げる人は、つねに大胆な冒険者である。

——シャルル・ド・モンテスキュー
（フランスの哲学者／1689～1755）

を取り払われた人類の意識は、より速くより遠くへ飛んでいける機械の発明へと駆り立てられることになるのでした。

さて、そんなライト兄弟、兄と弟の2人兄弟と思われがちですが、実はさらに兄が2人に妹が1人という5人兄弟の三男と四男でした。父親のミルトンは地元の牧師で、子供たちへの理解が深く示唆に富んだ言葉を多く投げかけます。家の本棚には名だたる歴史的名著の数々が並び、子供たちの知的好奇心を刺激していました。

母親のスーザンは陽気で見識に富んでおり、物を作ること、特におもちゃ作りが得意で自作のソリは売物と変わらないクオリティでした。

**そんな父親から受け継いだ知的好奇心と、母親から受け継いだ物作り精神こそが兄弟の快挙を可能にした**と言っても過言ではありません。

兄のウィルバー・ライトは幼い頃から聡明で集中力が人一倍高く、父親に似た厳粛な容貌と不思議な存在感を纏《まと》った人でした。弟のオーヴィル・ライトは陽気な性格で行動力があり、その起業家精神とアイデア力には天性のものがありました。

---

› 勇気とは、あえて危険をおかす能力であり、苦痛や失望をも受け入れる覚悟である。

——エーリッヒ・フロム
（ドイツの社会心理学者・精神分析学者／1900～1980）

一方で、２人にはむしろ共通点の方が多く、勤勉で真面目、父親譲りの完璧な紳士で誰にでも礼儀正しく、酒もタバコもたしなまず、一方で女性には奥手で２人とも生涯独身でした。

父親から「双子のように一心同体だ」と思われるほど2人の息はぴったりで、お互いに「なくてはならない」存在でした。

２人が飛行機作りに没頭するキッカケとなったのは、兄29歳、弟25歳の時、弟オーヴィルが腸チフスで寝込んでいる際に兄ウィルバーがドイツの飛行研究家オットー・リリエンタールに関する本を読み始めたことです（リリエンタールはその直前に落下の怪我が原因で死亡していました）。

リリエンタールの探究は鳥の飛翔能力の観察をもとにしており、どうすれば空中でいずれの方向にも自由に移動できる手段を確立できるかというものでした。

リリエンタールの著述を読んで飛行手段の発明の可能性に惹《ひ》かれたウィルバーは、家にあった動物の体の仕組みに関する本の中で鳥の羽に関する箇所を

いいかい、怖かったら怖いほど、逆にそこに飛び込むんだ。

——岡本太郎
（日本の芸術家／1911～1996）

読み直します。そして、そこを入り口に次々と鳥の飛翔に関しての専門書を読み漁《あさ》るようになります。

アメリカの学術研究機関のスミソニアン協会宛てに航空学に関する刊行物や書籍のリストを送ってくれるよう書簡を出すほどに熱心な探究ぶりでした。

腸チフスから回復した弟オーヴィルも、兄のリストに従って飛行に関する書籍を読み始めます。兄の探究に追随し、鳥が飛ぶ様子を観察しに共に頻繁に外出するようになります。

そして、**飛ぶという能力は、物理法則などの理屈で実現できるようなものではなく、それは喩《たと》えるなら馬に乗れるようになるのと同じように、知識と技術によって成されるものであると**着想します。

**鳥は羽を持つから飛べるのではなく、羽を上手に使う技術があるから飛べるのだ**とし、鳥の羽の形と動きを緻密に観察して簡易的なグライダーを設計します。

---

› リーダーシップに一番必要な資質は勇気だと思う。通常、勇気にはある種のリスクが付きまとう。とくに新しい事業を立ち上げるときにはなおさらだ。何かをスタートさせ、それを継続させる勇気。この開拓者スピリットと冒険心が、チャンスがいっぱいのアメリカで、新しい道への案内役となる。

——ウォルト・ディズニー

（アメリカのアニメーター・実業家／1901～1966）

このグライダーは紐《ひも》を使った独自の仕掛けがほどこされており、鳥の羽のようにグライダーの翼のたわみをコントロールできるようになっていました。

もちろん最初からうまくいくはずはありませんでしたが、そのグライダーの試し飛行によって機体を風に乗せて空中で操作することが確かにできました。

2人は自分たちの着想に確信を持ち、さらなる探究を進めていくようになります。

さて、そんな2人を取り巻いていた当時の時勢はというと、**イギリスに始まった産業革命がアメリカにもおしよせ、人々の生活の中に機械が次々と入ってきた時代です。**

ジェームス・ワットの蒸気機関、ジョージ・スチーブンソンの蒸気機関車、ロバート・フルトンの蒸気船、グラハム・ベルの電話機、トーマス・エジソンの蓄音機などなど。

さらに次々と実用的な発明がなされ、箱型カメラにミシンやエレベーター、さらにはネズミ取り機など。

---

› **成功があがりでもなければ、失敗が終わりでもない。肝心なのは、続ける勇気である。**

——ウィンストン・チャーチル
（英国の政治家〔ノーベル文学賞受賞〕/1874～1965）

**今までできないと思われていたことが、思いもしない方法でできるようになったり、**今まで不便に感じていたことが、驚くほど簡単にできるようになったりと、世間はいわば発明熱に沸いていました。

ただ、飛行機に関してだけは誰もが懐疑的で、数学者や天文学者までもが理論的に不可能と一笑するほど。時折、新聞に飛行機に関する記事があったとしても、それはお調子者が目立ちたいがために作った、とても飛べないような工作物の写真が笑いのネタとして掲載される程度。

**飛行機の発明に取り組んでいるなどと言ったら、それはすぐさま嘲笑の対象でした。**そんな中、果敢にその無理難題に取り組む人がいたとしても、流れてくるのは失敗と事故の話ばかり。唯一有望視されていた、政府機関の莫大な投資とその道の権威が集結して遂行されていた飛行機開発プロジェクトも大失敗に終わっていました。

そのような話が頻繁に耳に入ってくる中、ライト兄弟のチームはというと、専門的な教育を受けたわけでもなく知識はもっぱら独学から。

---

› 運は我々から富を奪うことはできても、勇気を奪うことはできない。

——ルキウス・アンナエウス・セネカ
（ローマ帝国の政治家・哲学者・詩人／紀元前1世紀～紀元後65）

資金も普段の仕事で稼いだお金を割り当てている程度。
自分たちより良い条件の揃ったチームが軒並み失敗する中、飛行機の発明に取り組むことは、とてもじゃありませんが希望の薄いものでした。

「[11]希望はなくても勇気を奮い立たせろ」

この言葉は、飛行実験の中、何度も挫折を味わっている時に弟のオーヴィルが兄にかけた言葉です。そのことを兄は日記に書き残していました。「希望はなくても勇気を奮い立たせろ」というのは、ライト兄弟だからこそたどり着けた探究者としての境地でしょう。

ただ、その発想は一見妄信的ですが理にかなっているとも言えます。

**どんなに希望を持てなくとも、勇気を出して挑戦を続ける中で状況は変わり、一寸の希望の光が差し込んでくるということは大いにあり得ます。**

そして、まさにライト兄弟はその通りのことを成し遂げました。

---

› あきらめなければ必ず道はある。必ず。

——豊田佐吉
（日本の実業家・発明家・トヨタグループ創業者／1867～1930）

前途多難の状況下、それでも前進し続けることを余儀なくされている時、ライト兄弟のこの言葉は私たちに大きな勇気を与えてくれます。

## 僕たちはたゆまず進み、自分たちの手ですべてをみつけなくてはならなかった

さて、不思議なのはライト兄弟たちがいったいどうやって資金繰りをしていたかということです。

実はライト兄弟は「ライト自転車取引所」という自転車屋を経営しており、2人の生活費はもちろん飛行機開発のための費用もすべて自転車屋の利益で賄われていました。

ライト兄弟は最初から自転車屋をしていたわけではなく、当初は2人で印刷屋を経営していましたが、自転車ブームに合わせて自転車屋へと事業転換をしたのでした。

---

》成功できる人っていうのは、「思い通りに行かない事が起きるのはあたりまえ」という前提を持って挑戦している。

——トーマス・エジソン
（アメリカの発明家・起業家／1847〜1931）

印刷屋にしても、自転車屋にしても2人は持ち前の職人魂で基本的にすべて自前でした。

印刷機械も自作でしたし、自転車も自分たちで作った質の良い自転車を販売していました。

そのようにライト兄弟はある意味で他人に頼るのが下手な2人でしたが、**足りないものがあれば作ってしまうのでさほど困ることもありませんでした。**

そうした仕事への取り組み方は飛行機作りにおいても一貫しています。

機体も設計から製作まですべて自前。

翼の表面にかかる「揚力」と「抗力」を正確に計測するための機械など当時はありませんでしたが、小規模な風洞装置を自作して計測可能に。

専門書に書かれていないことは実験を通して自ら解明。

飛行実験に最適な土地など誰も知らないので、気象局に問い合わせて目星を

---

› いやしくも天下に一事一物を成し遂げようとすれば、命懸けのことは始終ある。依頼心を起こしてはならぬ。自力でやれ。

——伊藤博文
（長州藩士・政治家・初代内閣総理大臣／1841～1909）

› ステップ・バイ・ステップ。どんなことでも、何かを達成する場合にとるべき方法はただひとつ、一歩ずつ着実に立ち向かうことだ。これ以外に方法はない。

——マイケル・ジョーダン
（アメリカのバスケットボール選手／1963～）

つけ、誰もいないような僻地《へきち》に丸太小屋を設置。

飛行機に積めるような小型で軽量のエンジンも当時の市場にはないものなので、チームメイトの力を借りつつ自作。

**2人が力を合わせた時の職人精神と開拓者精神は卓越したもので、それらは足りない資金や知識を補ってもお釣りが来るほどのものでした。**

## 真実として受け入れられていることが本当に真実であるという仮定に基づいて作業した場合、前進する見込みはほとんどありません

ライト兄弟の類稀な性質は、そうした自分たちの力だけで突き進む駆動力だけではありませんでした。

一般的な発想の持ち主であるならば、数学者や天文学者といった権威ある専

---

僕の前に道はない　僕の後ろに道は出来る。

——高村光太郎
(日本の詩人・彫刻家／1883〜1956)

門家が口を揃えて「不可能」と断じた領域に、ましてや専門的な知識を持ち合わせない素人が入っていくことは無謀だと思えますし、実際そのようにする人はほとんどいないでしょう。

当時は20世紀にも入り、それまで不可能とされていたことが次々と実現されていったという時代背景があったにしても、**空の世界への挑戦者たちが次々と敗北していくさまを見聞きしているならば、なおさらその世界に足を踏み入れる気にはならないものです。**

しかし、ライト兄弟は異なりました。

まず、人の言うことをそのまま鵜呑《うの》みにするような2人ではありませんでした。

**実際に自分の目で見たことこそが2人にとっての真実でした。**ちょっと外に出れば大空を飛び交う鳥はすぐ目に入るわけで、人間にもその方法は必ずあるはずだという確信がありました。

それだけではありません。

---

› 最も笑うべき、最も向こうみずな希望が、ときとして異常な成功の因であった。

——ヴォーヴナルグ
（フランスのモラリスト／1715～1747）

› 自分にはできないかも知れないという恐れに真正面から立ち向かうたびに、あなたは強さと自信と経験を勝ち取るのです。だから、できないと思うことに挑戦してごらんなさい。

——エレノア・ルーズベルト
（アメリカのファーストレディ・人権活動家／1884～1962）

ライト兄弟たちが集めた航空学の専門書や、飛行機作りに関して先人たちが残した本の内容も鵜呑みにはしていませんでした。

実際、リリエンタールやオクターヴ・シャヌートといった航空技術のパイオニア的存在の2人がそれぞれ緻密に集めた数値情報や計算結果などについても、自分たちの手で測定し直してみて幾分かの誤りがあることを明らかにしています。

人は本当に熱意を感じられることに対しては、他人が計測したことをもう一度計測し直すという労力すらも厭《いと》わないのです。

**成功の可能性も低く、ましてや命の危険と隣り合わせのチャレンジに2人を向かわせ続けていたのは、「人は空を飛べるはずだ」という好奇心に他なりません。**

「抑[11]えがたい情熱で私たちを感化し、根拠のない好奇心を、額に汗して働くものの果敢な熱意に変えた」

---

› 何をやろうとしても、あなたは間違っていると批判する者がいる。その批判が正しいと思わせる多くの困難がたちはだかる。計画を描き、最後まで実行するには、勇気がいる。

——ラルフ・ワルド・エマーソン
（アメリカの思想家・哲学者・作家・詩人／1803〜1882）

› どんなことも、不可能と証明されるまでは可能である。そして不可能なことでさえ、今だけのことかもしれない。

——パール・バック
（アメリカの小説家〔ノーベル文学賞受賞〕／1892〜1973）

これは、航空学の専門書を読み漁る兄ウィルバーが書籍から受けた印象を手記に綴《つづ》った言葉ですが、２人にとっては好奇心こそが探究への尋常ならざる熱意の源だったのです。

**ウィルと私は夢中になれるものがあったので、朝が待ち遠しくて仕方がなかった。それが幸せというものさ。**

最初の飛行では59秒だった飛行時間も、第３号機の段階では39分へ。そこからさらに飛行時間は伸び１時間20分45秒へ。空を飛び続けながら８の字を描いてみたり、上空を28回も回りながら飛行することができるまでに改良されていきました。

**最初はライト兄弟に見向きもしなかった人たちも、どんどんその快挙に沸き上がりアメリカ中を興奮のうずにまきこみました。**

› 航空力学的にはマルハナバチは飛べるはずがないの。でもマルハナバチはそんなことを知らないから、とりあえず飛び続けているのよ。

——メアリー・ケイ・アッシュ
（アメリカの化粧品会社創業者／1918～2001）

ライト兄弟が作る飛行機は実用性も兼ね、次々に注文が舞い込むようになり、「ライト会社」を立ち上げます。この時、兄ウィルバーは42歳、弟オーヴィルは38歳。印刷屋から自転車屋へ、そして最後は飛行機屋へ。それらをすべて持ち前の職人魂と起業家精神でやってのけたのでした。

ただ、一度成功すると今度はいろいろな人が集まってきます。兄弟の成功を妬む者、金儲《かねもう》けを企む者、さらには飛行機技術の特許をめぐり訴訟問題にも巻き込まれます。

特に職人気質《かたぎ》の強かった兄ウィルバーにとっては、それが苦痛でたまらなかったようです。それが原因かは定かではありませんが、その後、兄ウィルバーは体調を崩し45歳で亡くなります。

ライト会社の訴訟問題が落ち着く頃には、技術の進歩は早いもので、すでにライト兄弟の技術をはるかに超える飛行機が誕生し始めていました。

兄がいなくなっては仕事にも精が出ず、弟オーヴィルも45歳の時にライト会社を手放しました。

---

› コロンブスが幸福であったのは、彼がアメリカを発見した時ではなく、それを発見しつつあった時である。幸福とは生活の絶え間なき永遠の探求にあるのであって、断じて発見にあるのではない。

——フョードル・ドストエフスキー
（ロシアの小説家・思想家／1821～1881）

› 空虚な目標であれ、目標をめざして努力する過程にしか人間の幸福は存在しない。

——三島由紀夫
（日本の小説家・政治活動家／1925～1970）

しかし、ライト兄弟の成し遂げたことは異論の余地なく人類史に残る偉業中の偉業でした。

どんなに辛いことがあったとしても、飛行機の発明というワクワクすることに取り組んでいたから毎朝が楽しみで仕方なかったと2人は言います。

兄弟たちにとっての幸せは、その前途多難な道を歩む中にこそあったのかもしれません。

**毎日がどんなに辛くても、その辛さの理由が、自分が好きなこと、興味のあること、そういった情熱を捧げられるようなことに由来するのなら、後から振り返った時その辛さこそが幸せであったと思うのかもしれません。**

そんなライト兄弟の生き様からは、もし今自分が好きなことに取り組めているのなら、たとえ希望を見失いそうになったとしても、勇気を振り絞って前に進むと良いということ、そしてそのプロセスこそが幸せなのではないかと思わされます。

---

› よりよい成果が得られるのは、自分が一番好きな仕事をしているときだろう。だから人生の目標には、自分が好きなことを選ぶべきなんだ。

——アンドリュー・カーネギー
（アメリカの実業家・鉄鋼王／1835〜1919）

› 登山の目標は山頂と決まっている。しかし、人生の面白さはその山頂にはなく、かえって逆境の、山の中腹にある。

——吉川英治
（日本の小説家〔『宮本武蔵』の作者〕／1892〜1962）

Another Story

# 女性に奥手なウィルバーと言い訳上手な弟

プライベートもそっちのけで飛行機作りに没頭したライト兄弟。

当然、女性関係には疎くなります。

女性の気配をこれっぽっちも感じさせないそんな兄貴2人を心配した妹のキャサリンは、なんと大学の女友達を家に連れてきて兄貴たちに紹介します。

完璧な妹！
な展開のはずが、2人は大した興味も示さず社交辞令を済ますと、またすぐ飛行機作りを始めてしまいます。

それもそのはず、2人とも女性には奥手だったからです。

特に、兄のウィルバーは奥手中の奥手で、近くに若い女性がいると誰の目から見ても明らかに落ち着きを失っていたようです。

一方で、兄も弟もいい歳になってきます。当然、周りから、そろそろ結婚はしないのかなどと急《せ》かされます。
そんな時、兄は硬派を装い「研究が忙しく家庭生活など営めませんよ」と。

一方で弟は「兄より先に結婚をするのは兄に申し訳ない！ 結婚するなら兄が先でしょう」と。

女性に奥手すぎる兄と、言い訳上手な弟でした。

Story

8

# 将来の道がわからない人へ

# パブロ・ピカソ

**パブロ・ピカソ**　1881年10月25日 - 1973年4月8日（91歳没）

スペイン生まれ、フランスで活動した芸術家。現代芸術の出発点とも称される「アヴィニョンの娘たち」、スペイン内戦中にナチス・ドイツによる無差別爆撃への怒りを表現した「ゲルニカ」など。20世紀最大の芸術家と称されるほど、芸術の世界を超え社会に多大な影響を与えた。

# 私は捜し求めない。見出すのだ。

1881年10月25日、スペイン南部アンダルシア地方のマラガ市にて、のちに20世紀最大の芸術家と称される男、パブロ・ピカソは誕生しました。本名は長いことで有名、パブロ・ディエゴ・ホセ・フランシスコ・デ・パウラ・ホアン・ネポムセーノ・マリーア・デ・ロス・レメディオス・クリスピン・クリスピアーノ・デ・ラ・サンディシマ・トリニダード・ルイス・イ・ピカソ。

画家として活動した当初はパブロ・ルイス・ピカソと名乗りますが、ある時期から父方のルイス姓を省き、パブロ・ピカソと名乗るようになりました。

父親は美術教師でピカソが幼い頃から絵を教えます。一説によると自分を凌《りょう》駕《が》する息子の画才を前に画家として大成することを諦め、絵の道具一式をピカソに譲ったほどです。

その実力はというと、すでに16歳の年には古典的な様式の「科学と慈愛」を描き、スペイン首都のマドリードで開かれた国立美術展で入賞していました。16歳の少年が描いたとは到底思えない傑作には、ピカソの画家としての努力

> 危険だ、という道は必ず、自分の行きたい道なのだ。
>
> ——岡本太郎
> （日本の芸術家／1911～1996）

心に残る
関連名言集

と才能がすでに表れています。

ピカソの絵と聞いて思い浮かべるのは、どれも突飛で風変わりな印象の絵画かもしれませんが、**そうした絵を描ける背景には並々ならぬ写実的な表現力があってこそでした。**

また、ピカソは生涯にわたって多くの女性と関係を持ちます。正式な妻以外にも何人かの愛人がおり、生涯に二度結婚、子供は3人の女性との間に4人作りました。

女性関係に自由奔放なピカソの態度は相手の女性からしたらたまったものではありませんが、ピカソはそこから芸術のインスピレーションを得ており、関係を持つ女性が変わるたびにその作風にも変化が生じます。

ピカソが活躍した1900年代は、絵画を取り巻く世界が大きく変わっていく時代でした。

それまで、絵画というのは教会や貴族のためのものでした。それがこの時代には教会や貴族の力は弱まり、絵画は美術館や展覧会に飾られ誰もが身近に楽

---

› 独創的 ― 何か新しいものを初めて観察することではなく、古いもの、古くから知られていたもの、あるいは誰の目にもふれていたが見逃されていたものを、新しいもののように観察することが、真に独創的な頭脳の証拠である。

――フリードリヒ・ニーチェ
（ドイツの哲学者／1844～1900）

› ありとあらゆる人生への好奇心が、偉大な創造者たちの秘密だと思う。

――レオ・バーネット
（アメリカのマーケター／1891～1971）

しめるものとなったのです。

そうした時代に求められる絵画は、話題になるような新しく斬新なもの。そのため、当時の芸術家は競って自分の新しいスタイルを打ち出していきます。そんな中、ピカソは次々に新しいスタイルの絵画に取り組み、常に時代の最前線に君臨し続けました。

ピカソの画風は時の経過とともに変化していくのですが、その時々の絵の特徴で名前がつけられています。

例えば、「青の時代」では絶望や苦しみをテーマに深い青色基調の絵。「薔薇《ばら》色の時代」では明るい色調で芸人や家族、きょうだい、少女、少年などが描かれました。「キュビスムの時代」では多角的な視点と時間軸からフォルムが変形した人間や動物を描きました。

そのように次々にスタイルを変幻させることができたのは、時に修羅場に立たされながらも、複雑な女性関係の中に我が身を置くことで多様なインスピレーションを得ていたからです。

美とは、芸術家が自己の心の痛手のさなかで、世界の混沌《こんとん》からつくり出す、あのすばらしく不思議なものである。
——サマセット・モーム
（英国の小説家・劇作家／1874～1965）

「芸術とは自然に付け加えられた人間である」、自然・現実・真実に付け加えられた人間である。
——フィンセント・ファン・ゴッホ
（オランダの画家／1853～1890）

また、**ピカソはとにかく多作で行動派だったためいろいろなスタイルの絵画にチャレンジすることができ、その中で独自のセンスを磨いていくことができたのでした。**

ピカソはその一生の間で、1万3500点の油絵と素描、10万点の版画、3万4000点の挿絵、300点の彫刻と陶器を創り、ギネスブックには最も多作な芸術家であると記されています。

ピカソの作品集などを見てみると、同じ人物が創ったものとは思えないほどに、その作風が移り変わっていくことに気づくでしょう。

「私は捜し求めない。見出すのだ」⑥

英語の原文は、〝I don't seek, I find.〟

この意味は、**何か答えを求める時、外へ外へとその答えを求めて探し回るのではなく、自分の内面であったり状況の中からそれを見出すということ。**

---

> われわれが感得する美は、記述することができない性質のもので、何が美か、何を意味するかを語られたことがない。
>
> ――ジョージ・サンタヤーナ
> （スペイン出身の哲学者／1863～1952）

> 性と美は、生命と意識のように一つのものである。性を憎むものは美を憎むものである。生きた美を愛するものは性を重んずる。
>
> ――D・H・ローレンス
> （英国の小説家・詩人／1885～1930）

「探し求める」と「見出す」というのは似て非なるもの。ピカソの溢《あふ》れんばかりの創作アイデアは探し求めることによってではなく、見出すことによって着想されていたのです。

ピカソは見たままに描くのではなく、自分の心の目で見た本質を絵画という形にして表現していました。

それはまさに、対象物の中にその本質を「見出す」というピカソならではの視点があったのでしょう。

この考え方はなにも芸術だけでなく人生一般にも当てはまります。

**何か思い悩み、どうすればいいのかわからない時、今自分の見えていないところにある「答え」を探し求めようとするのではなく、今自分の見えているところにそれを見出そうとすると、思わぬ発見があるかもしれません。**

---

› 芸術家は自然を俗人が見るようには見ない。芸術家の感動は、自然の外観に隠されている内部の真実をあばき出す。

——オーギュスト・ロダン
(フランスの彫刻家／1840〜1917)

› 美は内部の生命から差し出す光である。

——カール・ケルナー
(ドイツの光学技術者・ライカ創業者／1826〜1855)

## アイデアは出発点以上のものではない。アイデアが出たあとは、思考し形をつくっていくんだ。

ピカソは行動を起こすことに重きを置いていました。

「行動はすべての成功の基本的な鍵である」[12]と言い残したように、**頭で考えてばかりいるのではなく、実際に手を動かしてみることが大切である**と考えていました。

ピカソにとって行動に移すとはすなわち、絵を描くということ。とにかく多作であったことからも、ピカソが行動主義であったことがうかがえます。

また、**実はピカソは一度に一つの絵を描くのではなく、同時に複数の絵に取り組むようにしていました。**

---

› すべての良いアイデアは悪いアイデアからスタートする。だから良いアイデアが生まれるには長い時間がかかるんだ。

——スティーヴン・スピルバーグ
（アメリカの映画監督／1946〜）

› 最も良いアイデアは最初まずいアイデアに見えるものだ。

——ポール・グレアム
（アメリカのプログラマー／1964〜）

それは、絵の具が乾くのを待っていられなかったというのも理由ですが、**実際に描きながらいろいろなパターンを探るように作品を創作していたからです。**

そのため、ピカソが新作を出す時は複数作品が一気に発表されることが多く、それだけピカソはとにかく手を動かしていました。

そうしたピカソの取り組み方は私たちにとっても参考になります。

例えば、仕事において企画書であったりデザインであったりと何か作らなくてはいけないのに、なかなか手が進まない……。

そんな時は何も考えずとにかく手を動かしてみるのです。

仮に頭の中でまだ明確なアイデアが出来上がっていないとしても、とにかく手を動かして少しでも形にしてみると、膠着《こうちゃく》した状態から一気に抜け出せるかもしれません。

天才のイメージのあるピカソですら、最初から頭の中に完成形があったわけではなかったのです。

---

› 信念は、行動に移さなければ価値がない。

——トーマス・カーライル
（英国の思想家・歴史家／1795〜1881）

› アイデアそのものには、二束三文の価値しかない。しかしそれを実行しようとする人には、無限の価値がある。

——メアリー・ケイ・アッシュ
（アメリカの化粧品会社創業者／1918〜2001）

あったのは最初の着想だけで、そこから実際に手を動かし考えながら進めたというのは、私たちの日常的な場面においても役に立ちます。

## できると思えばできる、できないと思えばできない。これは、ゆるぎない絶対的な法則である。

「できると思えばできる、できないと思えばできない」

一見当たり前のことですが、不確かな未来を前に「できると思う」というのは実はなかなか難しいものです。

しかしピカソは、普通だったら躊躇《ちゅうちょ》しそうなことでも、ある特殊な確信を持ってやり遂げ、実際に評価されるということがその芸術家人生の中で幾度もありました。

例えば、ピカソがまだ芸術家としてのキャリアが浅い１９００年代初頭。運と実力の両方に恵まれ、ピカソが提供した作品は駆け出しの芸術家にしてはと

---

› 人はなろうとした人物にしかなれない。だからといって、必ずしも良い条件に恵まれるわけではない。だが、なろうという意志がなければ、その人物には決してなれない。

——シャルル・ド・ゴール
（フランスの軍人・政治家／1890～1970）

› できると思うからこそできるのだ。

——ウェルギリウス
（古代ローマの詩人／紀元前70～紀元前19）

てもよく売れました。

そこで少しばかりの生活の余裕を手にしたピカソは、次に何を始めたのかというと前代未聞な作風の絵画に取り組みます。

狭いアトリエの一室にこもり、約1年の時を作品作りに費やします。

キュビスム誕生の記念碑的作品として最高の評価を受けている「アヴィニョンの娘たち」は、まさにこの時ピカソによって描かれました。

この作品は、5人の裸体の女性が歪曲《わいきょく》された形でバラバラの視点から描かれ、見る者を奇妙な世界へと誘《いざな》います。裸体の娼婦《しょうふ》がアフリカの仮面を思わす野性味剥き出しの状態で描かれていますが、**それは当時ほとんどの人が嫌悪感を抱くようなコンセプトの作品でした。**

描かれる過程を近くで見ていた人たちには、ピカソが無謀な実験をしているようにしか見えていませんでしたし、作品の発表当時も見る人たちには理解不能でした。

しかし、ピカソにとっては**1枚の絵画の中に複数の視点と時間を持ち込むと**

> › あなたができると思えばできる。できないと思えばできない。どちらにしてもあなたが思ったことは正しい。
>
> ――ヘンリー・フォード
>
> （アメリカのフォード・モーター創業者／1863～1947）

**いう新しい取り組みであり、それは実現可能であると思っていたのです。**

そうして描かれた作品が、今や絵画の世界においては時代の転換点に位置する作品と見なされているわけです。

**誰もが芸術を理解しようとする。**
**ならば、なぜ鳥の声を理解しようとはしないのか。**
**人が、夜や花を、**
**そして自分を取り巻く全てのものを、**
**理解しようとしないで愛せるのはなぜだろうか。**
**なぜか芸術に限って、人は理解したがるのだ。**

ピカソは対象物の本質を心でつかみ、そして視覚化する能力に非常に秀でていました。それはすなわち、対象物について深く理解することにこだわっていたということです。

› 芸術とは、自然がつくったものであるのに、人がその芸術そのものを最高の目的であると信ずるようになった瞬間から、デカダンスが始まった。

――ジャン＝フランソワ・ミレー
（フランスの画家／1814～1875）

› 立派な芸術家にとっては、自然のすべてが美しい。彼の瞳はすべての外面の真実を大胆に受け入れて、ちょうど書物を開いて読むように容易に、そこにあらゆる内面の真実を読み取る。

――ゲルハルト・リヒター
（ドイツの画家／1932～）

ピカソはそうして自分が心得たことを絵画という形に変換していたわけですが、それを見る人々の態度にいささか疑問を感じていました。

なぜならば、人々はピカソが描いた不可思議な絵をああでもないこうでもないと言いながら一生懸命理解しようと努めるものの、他国の人、異文化の人、身の回りの自然、その他この世界に存在するすべてのものに対して、芸術に向けるような関心を向けていないではないかと。

一方で、次のような印象的な言葉も残しています。

**「人はあらゆる物や人に意味を見出そうとする。これは我々の時代にはびこる病気だ」**[⑥]

確かに私たちは見聞きすること、体験すること、それらに何かしらの意味を付与して、そのことについて一喜一憂を繰り返します。

**まるで意味のないことなどあってはいけないかのように、身の回りのすべてのことに意味を与えて、意味ある人生を生きようと努力しています。**

---

› 美はいたるところにある。それが私たちの眼前に欠けているわけではなく、私たちの眼がそれを認め得ないだけです。

——オーギュスト・ロダン
（フランスの彫刻家／1840～1917）

ただ、ピカソから見れば、理解は必要でも意味は必要なかったのかもしれません。

それは生粋《きっすい》の芸術家ならではの特殊な達観視であるかもしれませんが、少なからぬ示唆を私たちにもたらします。

---

› 人間が不幸なのは、自分が幸福であることを知らないからだ。ただそれだけの理由なのだ。

——フョードル・ドストエフスキー
(ロシアの小説家・思想家/1821~1881)

Another Story

# 女性関係に鈍感すぎる ピカソ最大の浮気癖

名実ともに20世紀最大の芸術家であり、自由奔放な女性関係から多大なインスピレーションを受け取っていたピカソですが、それにしても自由すぎます。

スペイン内戦を描いたかの有名な「ゲルニカ」に取り掛かっていた時のこと。55歳のピカソは、妻のオルガ・コクラヴァ（46歳）とは別居して愛人のマリー・テレーズ（27歳）と共に暮らしています。マリー・テレーズとの間にも子供ができて、今度こそ幸せな家庭を築くのかと思いきや再び別の女性の姿がチラホラ。その1人が29歳独身で写真家のドラ・マールです。
ドラ・マールはピカソのアトリエに入り浸り、「ゲルニカ」の制作過程を写真に収めるなど歴史的に重要な働きをしますが、ピカソとは愛人関係にありました。

そんなある日、マリー・テレーズとドラ・マールがばったり鉢合わせしてしまいます。

マリー・テレーズは激怒。「私はこの人との子供がいます！　今すぐここから出ていってください！」。しかしドラは引きません。「私はここにいる理由があります。子供の有無は関係ありません！」女同士の睨《にら》み合いに決着はつかず、当然ピカソに怒りが向かいます。「で、あなたはどうなんですか !?」と。

するとピカソは「私は２人とも好きだから決められない。決めたいなら闘え！」

とんでもない展開ですが、愛人２人は文字通りその場で闘い始めます。ピカソはその時のことをこう振り返ります。「それで２人は格闘を始めた。これがわしの一番の思い出の一つだ」

問題の原因は当の本人にあるにもかかわらず、なんという他人事《ひとごと》感。20世紀最大の芸術家は、女性関係については20世紀最大の適当男だったかもしれません。

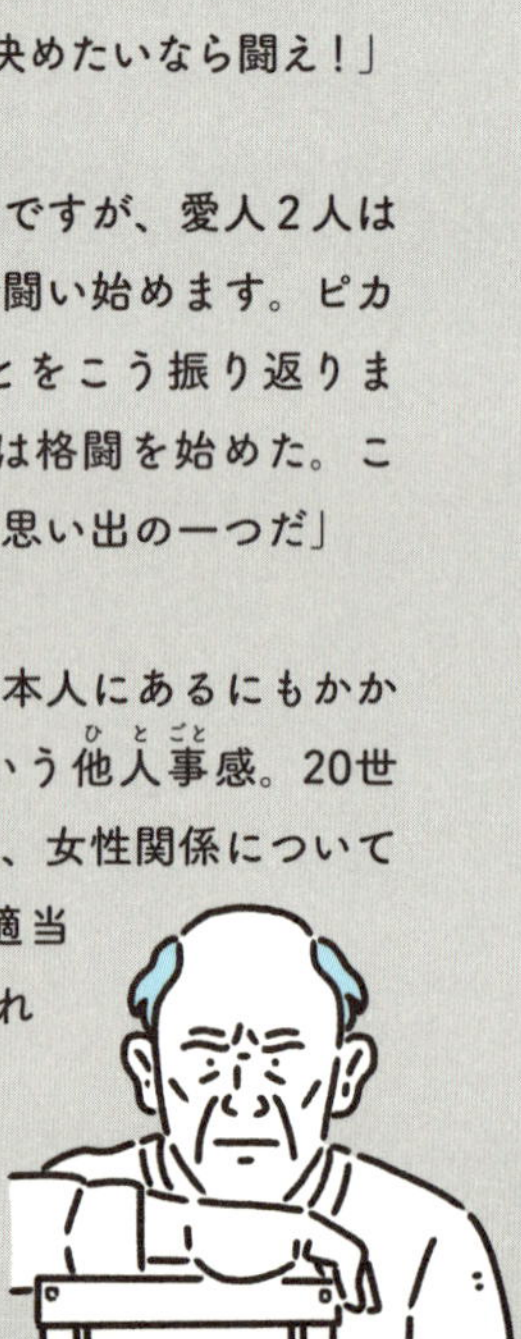

Story
9

# 自分らしさを出せない人へ

## ココ・シャネル

**ココ・シャネル**　1883年8月19日 - 1971年1月10日（87歳没）

フランスのファッションデザイナー。世界有数のファッションブランド「シャネル」の創始者。ファッション界の既存の価値観を壊し新しいスタイルを提案。ファッションを通じて女性の社会進出に大きく貢献した。

## あえて一人でいることを大切にする時もあっていい。自分の価値観を他人にあれこれ言われたりするのは嫌だし、ましてや整理整頓することなどやめてほしい。

ココ・シャネル（出生名：ガブリエル・シャネル）は、フランスのファッションデザイナーです。「シャネル」というブランドをご存知の方は多いかと思いますが、彼女こそがその創設者です。

20世紀初頭から頭角を現し、瞬く間に世界的なファッションデザイナーにまで上り詰めたココ・シャネル。ファッション界のみならず、働く女性の先駆者的存在として女性の社会進出にも大きな影響を与えました。

**彼女の人生は一貫して自分の価値観に忠実で、時に破壊を伴いながらもエネルギッシュに我が道を切り開いていく力強さがありました。**

心に残る関連名言集

› 多くの人が自分の可能性よりずっと低い次元で生きている。それは常に自分らしさを他人に手渡しているからだ。

――ラルフ・ウォルドー・トライン
（アメリカの哲学者／1866〜1958）

当時の女性のファッションといえば男性好みのものが多く、コルセットで締め付ける動きにくい派手な色彩のドレス、大きいばかりの帽子、財力を見せつけるための宝石、などなど。

**シャネルは、そうした慣習を過去のものとして葬り去ったことから「皆殺しの天使」の異名を持つほど。**

動きやすいジャージー生地を婦人服に導入、利便性とファッション性を両立した女性用スーツをデザイン、肩に掛けることで両手を自由に使える女性用ショルダーバッグの販売、本物の宝石ではないけれども安価にアクセサリーを楽しめるイミテーションジュエリーの提案。

動きやすく利便性に富んだファッションは女性の肉体と精神を解放し、世界のファッションスタイルのみならず女性の生き方に対しても多大な影響を与えました。

シンプルで着心地が良く無駄がない。そんな三拍子の揃ったシャネルスタイルは、**ファッションの領域を超え自分で人生を切り拓いていく女性たちの象徴**

---

› 結婚してようがしてまいが、あなたが幸せならそれが幸せなのよ。

——グレタ・ガルボ
（スウェーデン出身のハリウッド女優／1905〜1990）

› お前の道を進め、人には勝手なことを言わせておけ。

——ダンテ・アリギエーリ
（イタリアの詩人・哲学者／1265〜1321）

**となったのです。**

さて、そんなシャネルですが、その子供時代は決して穏やかなものではありませんでした。

シャネルは1883年、フランスの田舎町の行商人の娘として生まれます（息子2人に娘が3人。シャネルは第2子で次女でした）。しかし、シャネルが12歳の時に母親が病死。父親は息子2人をタダ同然の労働力として農場へ、娘3人は孤児院に預けて姿を消してしまいます。

**彼女にとって、孤児院送りになったことは耐え難く惨めな経験だったようですが、そこで裁縫を学んだことは後々の人生で活きることになります。**

18歳になったシャネルは孤児院を出て服の仕立て屋での職に就きます。またその傍ら、キャバレーで歌手としても副業をしていました。この頃から、愛称の「ココ」と呼ばれるようになります。

そして、そこで出会ったフランス軍の元騎兵将校かつ繊維業者の息子のエ

---

› 好かれようとしているだけなら、いつでも何でも妥協する用意があり、何も達成しないだろう。

——マーガレット・サッチャー
（英国初の女性首相／1925～2013）

› かわいげのない女と呼ばれても気にすることはありません。強くなって明確な理想と意見をもちましょう。

——ロザリン・カーター
（アメリカのファーストレディー／1927～）

ティエンヌ・バルサンの屋敷に住むことになるのですが、そこに訪れる貴婦人たちのファッションを観察するうちに違和感を覚えるようになります。

**シャネルにはどの女性もごてごてと着飾って男の機嫌をとっているように見えており、女性はもっと自分らしさを表現するファッションを楽しむべきだと考えていました。**

そうした着想もあって、当時にあってはシンプルな帽子を手作りし、館に訪れる貴婦人たちにプレゼントするようになるのですが、シャネルの作る帽子は斬新で次第に話題となります。

ちょうどその頃、最愛の人となる富豪のアーサー・カペルと出会い、資金を出してもらってパリに帽子の専門店「シャネル・モード」を開きます。シャネルのセンスは流行に敏感な人たちの間で評判となり、たちまち人気店になっていきます。

そして帽子店での成功を活かして、今度は洋服作りにも挑戦します。かねてより、それまでの女性のファッションのあり方に疑問を感じていたシャネル

---

› 自分らしく生きることができない人には次なる道は開けない。

――福沢諭吉
（日本の啓蒙思想家・教育者／1835～1901）

› 自分らしくあれ。他の人の席はすでに埋まっているのだから。

――オスカー・ワイルド
（アイルランド出身の詩人・作家／1854～1900）

は、常識に囚われない自由な発想で服作りに取り組みます。

シャネルは当時、主に男性用下着に使用されていたジャージー生地を使ってお洒落《しゃれ》な服を作ります。ジャージー生地は軽い上に伸縮性に優れており、利便性に優れていました。

また、シャネルは当時においては美しい女性の条件だった長い髪を切ってショートカットへ、さらに男性しか穿《は》いていなかったパンツルックを発表します。

当然、シャネルにデザインされた服や短い髪を見た男性はこぞって批判します。しかし、当時は第一次世界大戦中で女性も動きやすい服装が求められていたという事情も味方して、女性の間ではたちまち大人気になります。

**シャネルは、周りからの評価を気にして自分の考えを決めることをしませんでした。**

**自分の価値観を信じ慣習に囚われずに我が道を突き進んだ結果、女性が本当に求めていたものを創り出すことにつながったのです。**

---

› あせるな いそぐな ぐらぐらするな 馬鹿にされようと 笑われようと 自分の道を まっすぐゆこう 時間をかけて みが いてゆこう

——坂村真民
（日本の仏教詩人／1909～2006）

› 人生において、一番大切なことは自己を発見することである。そのためには、時には一人きりで静かに考える時間が必要だ。

——フリチョフ・ナンセン
（ノルウェーの科学者・政治家〔ノーベル平和賞受賞〕／1861～1930）

自分らしさを見失ってしまう時も、自分らしさを発揮することを恐れる時も、そこには一つの要因として周りの目を気にしすぎてしまっている自分がいるかもしれません。

「どう思われたいか」よりも、「どうありたいか」という自分の思いに正直に、自らの道を切り開いていったシャネルの言葉とその生き様は、自分らしさを見出しそれを発揮していきたい時、私たちに少なからぬ勇気と気づきを与えてくれます。

**みんな、私の着ているものを見て笑ったわ。でもそれが私の成功の鍵。みんなと同じ格好をしなかったからよ。**

いくら良かれと思ってしたことでも、世間から批判や嘲笑の声を浴びせられたら、途端に自信を失って落ち込んでしまうことでしょう。

› 森の分かれ道では人の通らぬ道を選ぼう。すべてが変わる。

——ロバート・フロスト
（アメリカの詩人／1874～1963）

› 自分が出したアイデアを、少なくとも一回は人に笑われるようでなければ、独創的な発想をしているとは言えない。

——ビル・ゲイツ
（アメリカの実業家・慈善活動家／1955～）

しかし、シャネルは違いました。**周りが批判したり笑ったりするということは、自分のしていることは目新しいことでまだ誰もしていないことなのだ**と、むしろより一層自分の行動に対して自信を深めていくのでした。

「かけがえのない人間になるためには、常に他人と違っていなければならない」⑥

このようにも言い残している通り、**シャネルにはオリジナリティに対する強いこだわりがありました。**

こうしたシャネルの姿勢は、人生に対するシャネルなりのストイックな向き合い方です。もちろん、誰も彼もシャネルのようなエネルギッシュな気概でもって困難に向き合うことは難しいかもしれません。

しかし、シャネルのそうした姿勢は何かチャレンジをする時や自分の意志を貫いて「ノー」を言う時、大きな力となって私たちの味方になってくれるはずです。

---

› チャンスというものは、準備を終えた者にだけ、微笑んでくれるのです。

——マリ・キュリー
（ポーランド出身の物理学者・化学者〔ノーベル物理学賞・ノーベル化学賞受賞〕/1867～1934）

› 考えなさい。調査し、探究し、問いかけ、熟考するのです。

——ウォルト・ディズニー
（アメリカのアニメーター・実業家/1901～1966）

## 扉に変わるかも知れないという、勝手な希望にとらわれて、壁をたたき続けてはいけないわ。

一方で、シャネルは意固地になって自分の主張を曲げなかったというわけではありません。シャネルには確信と戦略がありました。

シンプルな帽子を提案した時も、動きやすい服装を提案した時も、それはただシャネルが良いと思ったという理由だけではありません。

**世の中の女性が新しいスタイルのファッションを求めているという風潮、戦時下という特殊な状況下で人々のニーズに変化が生じているという確信。**

**シャネルの信念には根拠がありました。**

また、シャネルは自分がデザインした服を貴族の娘にプレゼントする代わりにモデルを務めてもらうなど、ブランド戦略においても巧みでした。

› 人生とは自分を見つけることではない。人生とは自分を創ることである。

——バーナード・ショー
（アイルランドの劇作家〔ノーベル文学賞受賞〕/ 1856〜1950）

› 目的と方針がなければ、努力と勇気は十分ではない。

——ジョン・F・ケネディ
（アメリカの第35代大統領 / 1917〜1963）

つまり、戦略的だったのです。

何かに挑戦している時というのは、目の前の困難に対処することで頭がいっぱいになってしまって、「とにかく頑張る」ことが目標になりがちです。

しかし、その努力にひとつまみばかりの戦略があるかないかで、結果は大きく異なってくると、厳しくもシャネルは指摘しているのです。

**私の人生は楽しくなかった。**
**だから私は自分の人生を創造したの。**

シャネルは仕事にその生涯を捧げた人生でした。

**労働者階級の出身で十分な教育を受けなかったにもかかわらず、その手一つで人生を切り開いた女性として、女性の自立を象徴するような人物でした。**

一方で恋多き人生でもあり、常に近くにはその時々の恋人がいました。

---

› 人間は自己の運命を創造するのであって、これを迎えるものではない。

――アベル・ヴィルマン
（フランスの評論家・政治家／1790～1870）

› 境遇なんてクソくらえだ。俺は自らチャンスを創りだす。

――ブルース・リー
（中国の武術家・俳優／1940～1973）

ただ、人生で結婚したことは一度もなく、子供も持ちませんでした。
また、二度も最愛の人を不慮の事故で亡くす不幸な経験もしています。
辛い幼少期からの経験に始まり、シャネルにとってその人生は決して恵まれたものではありませんでした。

しかしシャネルは、**そこで挫《くじ》けたりするのではなく常に「どう生きるか」ということと向き合い、チャレンジャーであり続けました。**

56歳でパリを離れスイスで隠遁《いんとん》生活を送っていましたが、15年の時を経て71歳の時、再びファッション界に舞い戻ります。

その理由は、「⑬退屈していたの。それに気づくのに15年かかった。無よりも失敗を選ぶわ」。

まさにシャネルらしい動機です。シャネルの「自分で自分の人生を創造する」という発想は斬新であり、どんな困難を前にしても挫けないような強いパワーを分け与えてもらえます。

---

› 自分の映画を夢見てはいけない。作るのだ！

——スティーヴン・スピルバーグ
（アメリカの映画監督／1946～）

› 創造するものが何もないなら、自分自身を創造したら良い。

——カール・グスタフ・ユング
（スイスの精神科医／1875～1961）

Another Story

# 「話を盛ってしまう」見栄っ張りな一面も

非常にパワフルで堂々とした印象を与えるココ・シャネルですが、自分の生い立ちについては話を盛ってしまう傾向にあったようです。

特に、幼少期の貧しい体験や家族関係については隠していました。

田舎の行商人の娘で、母は病死、父親に孤児院に預けられたというのではイメージが悪すぎると思っていたのです。

そのため、孤児院に預けられたという話はなかったことにし、父親はアメリカで成功したことにするなど自分の過去については作り話をしていました。

ビジネスで成功し世界的な有名人にもなると、伝記本の依頼が舞い込むようになります。

その時のインタビューも今まで通り嘘の過去について話すわけですが、いざそれが印刷され出版されそうになった時、シャネルは拒否します。

出版直前で拒否されるなんて、本を一生懸命作った担当者にとってはたまったものじゃありませんが、嘘の話を作りすぎており、伝記として出版することに我ながら抵抗を感じてしまうのでした。

世界的な高級ブランドを創り上げた凄腕経営者であることに疑いの余地はありませんが、見栄っ張りで思わず話を盛りすぎてしまうココ・シャネルなのでした。

Story 10

# 人生に悩む人へ

## フリードリヒ・ニーチェ

**フリードリヒ・ニーチェ**　1844年10月15日 - 1900年8月25日（55歳没）

ドイツ出身の哲学者。実存主義の代表的な思想家の一人。24歳にして大学教授となるが早々と引退しヨーロッパ各地を旅しながら在野の哲学者として独自の著述と思索を深めた。代表作には『ツァラトゥストラはかく語りき』など。

## 多くの人は、物そのものや状況そのものを見ていない。その物にまつわる自分の思いや執着やこだわり、その状況に対する自分の感情や勝手な想像を見ているのだ。

他の哲学者とは一線を画する存在の男、フリードリヒ・ヴィルヘルム・ニーチェ。19世紀に活躍したドイツ生まれの哲学者です。

ニーチェは、それまでの哲学が、物事の本質や意味といった、抽象的で見たり触れたりできない事柄ばかりを扱ってきたことに対して、真っ向から立ち向かいます。

むしろそうした本質だとか意味だとかいったものはそもそもこの世の中に存在しないのだから、**もっと目に見えるような現実の話をするべきである**と考えていました。

---

心に残る関連名言集

› 世界を創造するのは神ではなく、この私であり、「私」の意識化という創造行為によって初めて、世界は客観的に存在するものとなるのである。

——カール・グスタフ・ユング
（スイスの精神科医／1875～1961）

そのように、物事の背後にある本質や意味といった要素を取り除き、見たり触れたりできるような現実に存在しているものを起点に思考を始めるべき、とする考え方を「実存主義」と言いますが、ニーチェはまさに実存主義の先駆者でした。

そして、代表作である『ツァラトゥストラかく語りき』（河出文庫）の中では「神は死んだ」との記述があるように、**ニーチェは当時のキリスト教社会で当たり前とされてきた道徳的価値観を、あまりにあの世的で現実的ではない**と批判します。

代わりに、もっと実生活に根ざしたような真理・善・道徳こそを真剣に考えるべきであると唱えました。

そして、まさに今を生きている人にとっての哲学こそが大事なのだと訴えました。

そのためニーチェの哲学は「生の哲学」とも呼ばれます。

---

› 人々はよく人生を変化させてしまった出来事を恨む。でも、人生を変えるのは出来事ではなく、私たちが持たせた意味なのだ。

――アンソニー・ロビンズ
（アメリカの自己啓発書作家・講演家／1960～）

› 執着があればそれに酔わされるのだ。それゆえに、ものの姿をよく見ることができない。執着を離れるとモノの姿をよく知ることができる。だから執着を離れた心に、ものはかえって生きてくる。

――仏陀

さて、そんなニーチェは1844年10月15日に、キリスト教ルター派牧師の父カールと母フランツィスカの間に生まれます。

家は裕福でしたが、ニーチェが5歳の時に父が不慮の事故で亡くなります。男手を失い家計が成り立たなくなると、父方の実家で生活するようになります。さらに、父が亡くなった翌年には2歳の弟も病気で失うなど、幼少期の幸せな生活とは一転、ニーチェの人生に暗い影が落とされました。

ニーチェによる自伝によると、父が死ぬ前までの子供時代の幸せと死後の辛さについての言及があります。

**牧師の子供で身近に神の存在を意識しつつも、不条理に訪れる人間の死の意味について子供心ながらに考えていたのかもしれません。**

一方で、ニーチェは音楽と国語において非常に優秀で、その噂《うわさ》を聞いたドイツ屈指の名門校プフォルタ学院に特待生扱いで入学を認められます。

そこでは全寮制かつ個別指導によって古代ギリシアやローマの古典・哲学・

> 不幸は大半が人生に対する誤った解釈のしるしである。
>
> ——ミシェル・ド・モンテーニュ
>
> (フランスの哲学者・モラリスト/1533～1592)

文学などをみっちり教育されました。

卒業後は大学で哲学を学びますが、ニーチェはこの時、キリスト教の信仰を放棄します。

息子に将来は牧師になってもらいたかった母親と揉《も》めることになりますが、ニーチェは自分の決断を曲げませんでした。

また、大学では古典文献学の第一人者であるリッチュル教授に師事し、文献学を修得します。

そして、リッチュル教授の推薦もありニーチェは卒業後24歳という若さでスイスのバーゼル大学で教授となり、教鞭《きょうべん》を執るようになりました。

しかし、しばらくすると体調を崩し、病気に悩まされるようになります。

そのため、教職に就いていたのはわずか10年ほどで、教授の職を辞めた後はヨーロッパ各地を旅しながら在野の哲学者として、独特の思索と著述を続けるようになりました。

---

善悪、大小、かねの有る無し、社会的な地位の上下などという、人間の作った相対的な価値観を一切やめてみることです。

——相田みつを
（日本の詩人・書家／1924～1991）

そうした中で、ニーチェによって著され後世に残されることになる書物の数々が生み出されることとなったのです。

さて、ニーチェの哲学は他の哲学者の考えとは異質なものでした。

というのも、哲学という領域が歴史的に見て一般的に扱ってきた事柄を、見たり触れたりできない架空の解釈に過ぎないと一蹴してしまうからです。

成功と失敗、善悪の判断、幸福と不幸。さらにはもっと身近な話として、働く理由であったり人に優しくするべき理由など、そうしたことは架空の価値観に過ぎず現実のものではないとしました。

そして、物事の本質や価値観や意味といったものを、私たちの背後で影響力を持つ存在という意味で「背後世界」と名付けました。

私たち人間は、一人ひとりが独立した一つの生命体として存在しているだけなのですが、**日常的なことから社会的なことまでさまざまな価値観に縛られて**

---

› 周りの環境は心の状態によって変わる。心が暗いと何を見ても楽しくない。静かで落ち着いた環境にいれば、心も自然と穏やかになる。

――空海
（真言宗の開祖／774～835）

**生きており、そうした諸々の価値観は実体のないものに過ぎない「背後世界」なのだ**としたのです。

ニーチェは、ありもしない意味を求めて失望する人間を、この「背後世界」の概念を使って説明します。

私たちは、それ自体としては現実の存在（実存）です。つまり、現実に存在しているという以上の意味や目的はそこにはないということです。

**私たち人間は、それ自体としては意味も目的もない現実の存在であって、あらかじめ自分に設定されている意味や価値などない**とニーチェは断言します。

私たちの身の回りには見たり触れたりできる現実の世界が広がっているわけですが、その背後には道徳だとか価値観だとか、そういった見たり触れたりできない架空の意味の世界（背後世界）が重なっているというわけです。

そして、**「背後世界」として広がる「社会から押し付けられた架空の価値観」に囚われ、それにこだわることによって私たち人間は自分を不幸だと思い込み**

› 人間は万物の尺度なり。

——プロタゴラス
（古代ギリシアの哲学者／紀元前481～紀元前411）

**がちである**としました。

そうした社会から押し付けられた価値観は、それがいくら常識的に見えようとも所詮は後付けの解釈に過ぎず、非現実的なもの。

しかし、**それをまるで「世界に本来的に存在している覆しようのない絶対的な事実」であるかのように思い込んでしまっていることが、あらゆる不幸の始まりである**としたのです。

「⑭多くの人は、物そのものや状況そのものを見ていない。その物にまつわる自分の思いや執着やこだわり、その状況に対する自分の感情や勝手な想像を見ているのだ」

この言葉はまさに、架空の意味づけに過ぎない「背後世界」に囚われてしまっている状態を言い表しています。

ニーチェは、人間を苦しめているのはそうした架空の価値観に過ぎないと言います。

› 誰もが真実を見ることはできない。
しかし真実であることはできる。

——フランツ・カフカ
（チェコ出身のドイツ語作家／1883～1924）

人間にはあらかじめ設定されている意味や目的などはないのだから、架空の価値観に縛られ苦しみながら生きる必要などそもそもないではないかと言っているのです。

## 事実というものは存在しない。存在するのは解釈だけである。

しかし、ここまでの話を真に受けてしまうと、「生きている意味も目的もないのなら、もう何もかもやる気が起きない」という状態になってしまいます。

ニーチェは、そのようにありとあらゆる価値が無価値化された世界を「ニヒリズムの世界」とし、そうした無意味な世界で特に目的もなくただ生きてその日暮らしをしている人間を「末人《まつじん》」と呼びました。

ニーチェは19世紀を生きた人ですが、「この世界は近い将来ニヒリズムが蔓《まん》延《えん》し、意味も目的も失ってただ日々を惰性のままに生きる末人で溢れるであろ

---

本当に悪い天気なんてものはない。ただ、さまざまな種類のよい天気があるだけだ。
——ジョン・ラスキン
（英国の美術評論家・社会思想家／1819～1900）

人生は本来善でも悪でもない。生き方しだいで善の舞台とも悪の舞台ともなる。
——ミシェル・ド・モンテーニュ
（フランスの哲学者・モラリスト／1533～1592）

う」と、予測していました。

その予測はある意味で当たっており、現代社会の一面を痛烈に風刺しています。

ただ、ニーチェの哲学は今を生きる人のための哲学であって、なにも人類全体を悲観的にしたいわけではありません。

ニーチェが真に言わんとしていることは、それがどんなに架空のものであったとしても価値や意味そのものが悪いのではなくて、**社会や他人から押し付けられた価値観を無自覚のうちに受け入れ、「絶対に○○でなくてはならない」と自分の思考や人生を縛り付けてしまう態度が問題なのだということです。**

しかし、そうした社会の価値観に従う態度は私たちの中に知らぬ間に染み付いてしまっており、脱却するのは難しいどころかその存在に気づくことすら難しいものです。

そのため、ニーチェは人間を追い込み、束縛し、不幸にしている社会の価値

---

> 誰がなんといおうが、本人が「有り難い、幸福だ」と思っていたら、不幸はありえない。だから幸福は、心が生み出すきわめて主観的なものなのだ。

——中村天風
（日本の思想家／1876〜1968）

> われわれは幸福も不幸も大げさに考えすぎている。自分で考えているほど幸福でもないし、かといって決して不幸でもない。

——オノレ・ド・バルザック
（フランスの小説家／1799〜1850）

や意味づけを一旦すべて無に帰し、一度何にも囚われないフラットな状態になる必要があると考えていました。

そこでニーチェが編み出した方法が、**自分を取り囲む世界を形作っているありとあらゆる事実を単なる解釈に過ぎないものとして相対化し、無価値化された世界、すなわちニヒリズムの世界へと自分を誘《いざな》うこと。**

人生を含むあらゆることにまず絶望することによって、何にも囚われないただの現実の存在としての自分自身に気づくというわけです。

## きみの立っている場所を深く掘り下げてみよ。「泉」はその足元にある。

では、絶望して「末人」になるべきとニーチェは言っているのでしょうか。

いいえ、そうではないのです。

すべての価値を否定しニヒリズムに陥ってしまうと、今度は生きることの高

› 自分の力に合うことだけしろ、その他の事は、おのずと道が開けてくるまで待て。

——武者小路実篤
（日本の小説家・詩人・劇作家／1885～1976）

› 英雄とは、自分のできることをする人だ。

——ロマン・ロラン
（フランスの作家〔ノーベル文学賞受賞〕／1866～1944）

揚感（充実感）を失ってしまうことになるとニーチェは警鐘を鳴らします。

ニーチェはそうしたニヒリズムの世界にあって、「末人」になることなく毎日を楽しく生きる人間を「超人」と呼び、**私たち人間は一人ひとりが「超人」になるべきだ**と考えました。

ここで言う「泉」とは、私たち一人ひとりに備わる根源的な意志のことです。

ニーチェは、人間には誰しも根本のところで「力への意志」があると考えます。これは「己の精神を拡大したい」という根本欲求のことです。

たとえどんなに堕落し、成長意欲のかけらもないような生活、まさに「末人」のような日々を送っていたとしても、それは社会の架空の価値観に縛られて本来の意志を見失っているだけなのです。

そしてニーチェは、そうした自分の根本にある「力への意志」というのは自分の外に見つけ出すものではなく、自分の内に見出すものであると言います。

---

› あなたにできることをしなさい。今あるもので、今いる場所で。

——セオドア・ルーズベルト
（アメリカの第26代大統領〔ノーベル平和賞受賞〕/1858～1919）

› 運命がレモンをくれるなら、それでレモネードを作ってみようじゃないか。

——アンドリュー・カーネギー
（アメリカの実業家・鉄鋼王/1835～1919）

ありとあらゆる価値観を相対化してニヒリズムに陥って絶望した後、**そうした絶望下にあってもモチベーションを感じるような根源的な欲求に従うことこそが、よりよく生きるための道標になるのだ**とニーチェは訴えたのです。

**理想を捨てるな。自分の魂の中にいる英雄を捨てるな。誰でも高みを目指している。理想や夢をもっている。それが過去のことだったと、青春の頃だったと、なつかしむようになってはいけない。今でも自分を高くすることを諦めてはいけない。よく生きるために、自分を侮辱しないためにも、理想や夢を決して捨ててはならない。**

ニーチェの哲学は、別名「生の哲学」と呼ばれるほど、人間の生き方に最終的な焦点が当たっている異色の哲学です。

それまで世界や理性を探究するだけであった哲学に別の視座を持ち込み、現

› 涙が出そうになるくらいに、生きろ。

——アルベール・カミュ
（フランスの小説家〔ノーベル文学賞受賞〕/1913～1960）

› 幸福には、明日という日はありません。昨日という日もありません。幸福は、過去のことを記憶してもいなければ、将来のことも考えません。幸福には、現在があるだけです。今日という日ではなく、ただいまのこの瞬間があるだけです。

——イワン・ツルゲーネフ
（ロシアの小説家/1818～1883）

に今ここで生きている人間それ自身の生き方の探究へと、哲学の対象を切り替えました。

**もし今の生活に満足しておらず、不幸な気持ちであったり生きづらさを感じたりしているのなら、社会から押し付けられた何かしらの価値観に縛られ振り回されていないか疑うべきであると、ニーチェなら言うでしょう。**

その上で、ありとあらゆることが無価値化した世の中であったとしても、それでも充実感を感じながら取り組めることはいったい何か考えてみよとニーチェは言うのです。

「[14]『どこから来たか』ではなく、『どこへ行くか』が最も重要で価値あることだ」

これもニーチェの言葉です。

未来の自分がどうあってほしいかという思想が、現在の自分の生き方に影響を与えます。

---

› 人生でもっとも輝かしい時は、いわゆる栄光の時なのでなく、落胆や絶望の中で人生への挑戦と未来に成し遂げる展望がわき上がるのを感じたときなのだ。

――ギュスターヴ・フローベール
（フランスの小説家／1821～1880）

› たとえ一人になろうとも、全世界に立ち向かい給え！　世界から血走った眼で睨《にら》まれようとも、君は真っ向から世界を見すえるのだ。恐れてはならない。君の心に響く、小さな声を信じ給え！

――マハトマ・ガンジー
（インドの弁護士・政治指導者／1869～1948）

**ニーチェの哲学を学ぶと、過去の出来事も含めすべてのしがらみから強制的に解放されます。解放された後に残るのは、今ここに生きている現実の存在としての自分のみ。**

これから何をして生きていくか、今この瞬間を力強く肯定し、人生の探究者になるための気概をニーチェの哲学は私たちに与えてくれます。

› 人間はまじめに生きている限り、必ず不幸や苦しみが降りかかってくるものである。しかし、それを自分の運命として受け止め、辛抱強く我慢し、さらに積極的に力強くその運命と戦えば、いつかは必ず勝利するものである。

——ルートヴィヒ・ヴァン・ベートーヴェン
（ドイツの作曲家・ピアニスト／1770～1827）

› 理想を持ち、信念に生きよ。理想や信念を見失った者は、戦う前から負けているといえよう。そのような者は廃人と同じだ。

——織田信長
（戦国時代の武将・戦国大名／1534～1582）

Another Story

# 「真面目すぎて融通が利かない」ニーチェ少年

ニーチェの人柄について知れるエピソードが1つ。

それはニーチェがまだ小学生だった時の話。

父親が牧師だったこともあって聖書の言葉をよく知っていたニーチェのあだ名は「小さな牧師さん」。

そのあだ名の理由は、単に聖書に詳しかったからだけではありません。

授業中にどんなに皆が騒いでいてもニーチェだけはおとなしくしているなど、その生真面目で礼儀正しい性格からもぴったりのあだ名だったようです。

ただ、真面目すぎて融通が利かない一面も。

とある土砂降りの日。母親はニーチェがなかなか家に帰ってこないことを心配します。他の子は雨の中、猛ダッシュで家に駆け込んでいるのに、ニーチェはいったいどこで何をしているのか。

心配でヤキモキしていると、家に向かってくる小さな人影が。愛息子のニーチェです。
なんと頭にハンカチ1枚を乗せて、雨に当たりながらゆっくり歩いて帰ってきます。

いったいどうして走らないのかと聞くと、その理由は「下校の時は走らず静かに帰るようにと校則にあるから」。

ルールは絶対遵守！ 真面目すぎて融通の利かない小さな牧師のニーチェ少年でした。

Story
11

# 気持ちをコントロールできない人へ

## ジームクント・フロイト

**ジームクント・フロイト**　1858年5月6日 - 1939年9月23日（83歳没）

ユダヤ系オーストリア人精神科医。意識の内奥には広大な無意識があることを提唱した。今日に続く精神医学や臨床心理学の基礎を築き「精神分析学の父」と呼ばれる。著書に『夢判断』『精神分析入門』『自我とエス』などがある。

## 自分に対してとことん正直になること、それが心身によい影響を与えるのである。

人間の心には無意識という領域があることを提唱し、現代に続く臨床心理学の学問的基礎を築いたジークムント・フロイト。

治療の場でこれまで無視され相手にされてこなかった心の病に科学的解決の道を開き、心の治療に対する考え方や方法に対して多大な成果をもたらしました。

フロイトが提唱する理論は、その特性からも科学的に確かなものであると断言できるものではなく、実際フロイトの考えへの批判は多くあります。

しかし、**私たちの内には無意識という、普段は意識していないけれども確かな影響力を持っている領域がある**という提言は革新的なものでした。

無意識の発見は、哲学者デカルトが残したかの有名な言葉「我思う故に我あ

---

心に残る
関連名言集

› 凧《たこ》が一番高く上がるのは、風に向かっている時である。風に流されている時ではない。

――ウィンストン・チャーチル
（英国の政治家〔ノーベル文学賞受賞〕／1874～1965）

り」に代表されるような、はっきりと意識している自分こそが自分だという人間観を大きく揺るがすものだったのです。

いわば**近代合理主義が自明としてきた理性と、それを司る自我こそが自分の中心であったはずの前提が崩れてしまった**わけです。

とりわけフロイトの名を世に知らしめたのは、1900年に出版された『夢判断』でした。

その衝撃は大きく、フロイトのもとには世界各地から心理の研究者たちが集うようになります。

その中には、ユングやアドラーもおり深層心理の研究をフロイトと共にしますが、のちに分派し、それぞれ独自の理論を打ち立てていくことになるのでした。

さて、そんなフロイトの生い立ちについて少し紹介します。

---

› 人生のほとんどすべての不幸は、自分に関することがらについて、あやまった考え方をするところから生じる。できごとを健全に判断することは、幸福への大きな第一歩である。

――スタンダール
（フランスの小説家〔『赤と黒』の作者〕／1783～1842）

› 自分の内側を見てみても、ぼくは自分以外のものと出会ったことがない。

――アントワーヌ・ド・サン＝テグジュペリ
（フランスの作家／1900～1944）

ジークムント・フロイトは１８５６年5月6日、ユダヤ人の両親のもと、モラヴィア（現チェコ）で生まれます。

フロイトの家族関係は複雑でした。

母親は20歳という若妻で、父（当時40歳）の３人目の結婚相手でした。父は最初の妻との間に２人の息子がおり、長男はすでに結婚し息子もいました。

世代が複雑に絡んだ家族の中で、フロイトにとっては父親が祖父、異母兄が父親、そして母が異母兄の妻のように映っていたようです。

そして、父親は家族の中で強権的かつ絶対的な存在として君臨していました。

一方でフロイトの家系はユダヤ人の家系です。

ヨーロッパ社会ではユダヤ民族は長く差別を受けてきていました。

---

自分自身を信じている者だけが、他人にたいして誠実になれる。

――エーリッヒ・フロム
（ドイツの社会心理学者・精神分析学者／1900～1980）

自分自身のことについて誠実でない人間は、他人から重んじられる資格はない。

――アルベルト・アインシュタイン
（ドイツ出身の理論物理学者〔ノーベル物理学賞受賞〕／1879～1955）

フロイトの生きた時代はある程度の自由を手にしていましたが、反ユダヤ主義の社会傾向は残っており、フロイトもまた差別と迫害を経験するのでした。

そうした複雑な家族関係とユダヤ人という出自からくる差別は、のちの精神分析学の理論を打ち立てるにあたっての背景となります。

さて、フロイトが創始した精神分析学では、神経症などの形で表面化する心の問題の原因を、無意識下に抑圧された欲求（より厳密には性の欲求）であるとします。

これはフロイトが運動麻痺《まひ》や四肢屈曲などの多様な神経症に悩むヒステリー患者を診療している中で気づいた視点です。

この視点はその後より一層深化されていき、人間の心の構造の解明へと進んでいくわけですが、フロイトの考えでは**抑圧された諸欲求というのはそのまま消えることはなく、無意識の中に蓄積されていき、何か別の形で浮上してくる**とされます。

---

> 本当の自分を見つけよう。自分らしくというが、自分が分からなければ、自分らしく生きようがない。自己実現もそうだ。自己がわからなければ、実現のしようがない。
>
> ――リチャード・H・モリタ
> （日本の自己啓発書著者／1963～）

> あなたが無意識を意識しない限り、それはあなたの人生を支配する。
>
> ――カール・グスタフ・ユング
> （スイスの精神科医／1875～1961）

「自分の感情をコントロールできない」という悩みは多くの人が抱える問題かと思います。

怒りや悲しみ、また後悔や恨みなど、感情は多様にその姿を変えていきます。感情とはある種の欲求の現れであるわけですが、それらをコントロールしようとして無理に抑えつけてしまうと、その抑圧された欲求は無意識の中に閉じ込められることになります。

フロイトの理論では、そうして無意識の中に閉じ込められた欲求はそのまま消失するということはなく、必ず何かしらの形でもって意識の領域へと浮上してくるのです。

**意識への現れ方は、その人のこれまでの体験のあり方に左右されますが、それがネガティブな形態を伴う時、神経症やメランコリックな抑うつ症状などとなって表面化すると考えられるのです。**

こうした理屈は、文字通りそのままの形で現代の心理療法の現場に受け継がれているわけではありませんが、自分の内面を分析するにあたって示唆に富ん

---

› **私が自信を持って出来ることは、自分自身であること。たとえ自分という存在が、どんな人間であろうとも。**

——ボブ・ディラン
（アメリカのミュージシャン〔ノーベル文学賞受賞〕/1941～）

› **我々の苦悩の中でも最も歓迎できないのは、自分の存在を軽蔑することだ。**

——ミシェル・ド・モンテーニュ
（フランスの哲学者・モラリスト/1533～1592）

だ視点をもたらします。

**「自分に対してとことん正直になる」というのは、自分の本心に嘘をついて負の感情を抑圧するのではなく、まずは自分の負の感情をありのままに受け止めるということです。**

もちろん、そうした負の感情と真正面から向き合って客観的に分析した上で、自分なりに気持ちの整理をつけるというのは難しいものです。

ただ、無闇に自分に嘘をついてまで気持ちを押し殺してしまうことの危うさについて、フロイトは警鐘を鳴らしているのです。

**人間は自分のコンプレックスを除去しようとつとめるべきではなく、それと調和を保つようにつとめるべきです。**

コンプレックスといかに向き合うかというのは、非常に複雑な問題であると

› 何事もゆきづまれば、まず、自分のものの見方を変えることである。案外、人は無意識の中にも一つの見方に執して、他の見方のあることを忘れがちである。

――松下幸之助
（日本の実業家・パナソニック創業者／1894～1989）

言えます。

捉え方ひとつでコンプレックスを解消できるものなら、なにもこんなに苦しむわけがないと、現にコンプレックスに思い悩んでいる方なら誰でも思われることでしょう。

そのコンプレックスの正体というのは、大人になってからのトラウマからくるものかもしれないですし、はたまた幼少期に体験したショッキングな原体験とも呼べるものに起因しているかもしれません。

いずれにしても、**自分のコンプレックスと向き合う時、それを問答無用に排除しようとするアプローチでは根本的な解決にはならない**とフロイトは考えています。

なぜならば、**そのコンプレックスの本質は自分の外側にあるのではなく自分の内側、それも無意識下に抑圧された欲求にあるから**です。

フロイトは、コンプレックスを、十分に経験されることなく自我によって抑

---

› 自分の内なるものも外なるものも、見ているものを変える必要はない。ただ見方を変えればいいのだ。

——タデウス・ゴラス
（アメリカの作家／1924〜1997）

› 傷あとを隠しちゃいけない。その傷が君を君らしくしているんだ。

——フランク・シナトラ
（アメリカのジャズ＆ポピュラー歌手・俳優／1915〜1998）

圧されてしまった個人的体験や性的願望との関連が深いものであると考えています。

それゆえに、コンプレックスに対しては表面的な解決策に走るのではなく、むしろ**そのコンプレックスの背後にある抑圧された欲求を探り、未解決の欲求との調和を図る方向に意識を向ける方が良い**と言っているのです。

もちろん、それは言うは易しであって解決の難しい問題に違いありません。

ただ、フロイトの考え方というのは、私たちがコンプレックスと向き合う時の一つの指針として大いに参考になるのではないでしょうか。

## 「否定と出会う」ことが出発点である

フロイトは、精神分析の手法として「自由連想法」を用いていました。

これは患者をリラックスできる状態で横たわらせ、頭に浮かんできたことをすべて話してもらうというものです。話す内容は支離滅裂であっても不道徳な

---

> 意識する存在にとって、生存するということは変化することであり、変化するということは経験を積むことであり、経験を積むということは限りなく己自身を創造していくことである。

——アンリ・ベルクソン
（フランスの哲学者〔ノーベル文学賞受賞〕/1859～1941）

> 劣等感を抱くこと自体は不健全ではない。劣等感をどう扱うかが問われているのだ。

——アルフレッド・アドラー
（オーストリアの精神科医/1870～1937）

ものであっても、なんだって構いません。

とにかく頭に浮かぶがままにその内容を話します。すると、これまで意識してこなかった記憶や感情が想起されていくわけですが、**途中で「思い出したくない」「話したくない」といった否定的な感情を伴うイメージと遭遇することになります。**

フロイトはここに、満たされないまま無意識下に抑圧されている欲求の片鱗《へんりん》を見出し、患者が抱えている症状の根本原因を探っていくのです。

この方法は、良識ある精神分析者との間で行われるべきものでありますが、**内省の習慣のある人にとっては、自己対話の際に訪れる沈黙の中にこそ新しい自己発見の手がかりがあることを暗に示しています。**

自己否定の念を思うことは一般的にネガティブなことであって、自己肯定の意識の方こそを育むべきであると、昨今の自己啓発の文脈では提言されることが多くなっていますが、果たして一概にそう言えるのかと思わせる節がフロイトの理論にはあります。

---

› 人には燃えることが重要だ。燃えるためには薪が必要である。薪は悩みである。悩みが人を成長させる。

——松下幸之助
（日本の実業家・パナソニック創業者／1894～1989）

› 疑いは知のはじまりである。

——ルネ・デカルト
（フランスの哲学者・数学者／1596～1650）

「『否定と出会う』ことが出発点である」という発想は、自己否定に走ってしまう自分を、まずはありのままに受け入れる余地をもたらします。

そして、まさに**自己否定のあり方にこそ新しい自己発見の手がかりの糸口が隠されている**のです。

**いつも自分の外側に**
**力や自信の源を探してきました。**
**でも、本当は自分の内側にあるものなのです。**
**自分の中にしかありません。**

私たちが生きる現代では、いまや「無意識」という発想はさまざまな文脈で一般的に用いられるようになっています。

しかし、それはフロイトが提唱した人間の心の姿への理解が私たちに浸透しているということを意味しているわけではありません。

› 私の一生は、無意識の自己実現の物語である

——カール・グスタフ・ユング
（スイスの精神科医／1875～1961）

› 大きな苦痛こそ精神の最後の解放者である。この苦痛のみが、われわれを最後の深みに至らせる。

——フリードリヒ・ニーチェ
（ドイツの哲学者／1844～1900）

フロイトがその生涯を費やしたと言っても過言ではない、人間の心の探究の成果は今なお色褪《いろあ》せることなく、私たちに新鮮な視点をもたらします。

自信がない時、思い悩み胸が苦しい時、私たちは自分の外側にその原因や解決策を求めます。

もちろん、そうしたアプローチによって状況が改善し、問題が解決する場合も多々あることでしょう。

しかし、もし自分の周りをいくら見回してみたところで何も見つからない時は、フロイトの言葉を思い出すと良いかもしれません。

フロイトが人類にもたらした、**意識の奥に潜む無意識のさらに奥を覗《のぞ》き込んでみる**という視点は、新しい可能性を私たちに開いてくれます。

普段意識することのない秘密の領域への知的探究は、注意深く行っていくべきですが、自己理解の求道者であるならば避けては通れない道であることをフ

---

› 我々が第一に戦わねばならぬ厄介な敵は、我々の内部にある。

——ミゲル・デ・セルバンテス
（スペインの作家／1547～1616）

› 君の中には、君に必要なすべてがある。「太陽」もある。「星」もある。「月」もある。君の求める光は、君自身の内にあるのだ。

——ヘルマン・ヘッセ
（ドイツの小説家・詩人〔ノーベル文学賞受賞〕／1877～1962）

ロイトは悟っていたのです。

---

› 内側から生まれてくる幸せは失われることがない。

——仏陀

Another Story

# 頑固すぎて優秀な弟子が離れていってしまった……

フロイトは頑固でした。
何に頑固だったかと言うと、自分の理論の正しさに対してです。

フロイトが残した功績は異論の余地なく現在の心理学に続く偉大なものですが、極端な部分があったのも事実でしょう。

フロイトには科学として心理学の地位を確立させたいという思いが強くありましたから、誰にでも適用できるような真理を求めていました。

そのためいくら弟子といえども、弟子の理論を認めてしまうと自分の理論が一部の人にだけ当てはまるものとなってしまうので、フロイトとしては認めたくなかったのです。

しかし、そのせいでフロイトのもとからは優秀な弟子たちが次々と離れてしまいます。
それもそのはず。フロイト師匠は異論を認めてくれないのですから！

ただ、そのようにフロイトのもとを離れ、それぞれ分派していったことは、結果として心理学全体の発展に寄与することになるわけですから、良かったのかもしれません。

いずれにせよ、とにかく頑固で融通の利かないフロイト先生なのでした。

Story 12

# 自分が好きになれない人へ

# カール・グスタフ・ユング

**カール・グスタフ・ユング**　1875年7月26日 - 1961年6月6日（85歳没）

スイス生まれの精神科医・心理学者。フロイトと活動を共にした後も探究を続け、分析心理学（ユング心理学）を創始。その思想は芸術、文学、哲学へと幅広い影響力を持ち続けている。著作は全20巻におよぶ『ユング全集』にほぼすべての論文が掲載されている。

## 暗黒な性質も私の全体に属している。そして自分の影を意識することによってのみ、私は自分が他の全ての人と同様、一人の人間であることを再確認するのだ。

カール・グスタフ・ユングは、スイスの精神科医で分析心理学（通称：ユング心理学）の創始者です。

統合失調症患者の診察をしていたユングは、患者の語る夢や幻覚の中に患者自身の記憶にはないはずの象徴的なイメージが出現すること、そしてそれらは世界各地の神話や伝説と似通っていることに気づきます。

そうした気づきに基づき、**個人の無意識の領域にはさらに奥があり、個人を超え人類レベルで共有する「集合的無意識」が存在している**ことを提起しました。

ユングが行った探究は、深層心理学に新たな光を当てただけではなく、思想、

---

あのときの あの苦しみも あのときの あの悲しみも みんな肥料になったんだなあ じぶんが自分になるための

——相田みつを
（日本の詩人・書家／1924～1991）

心に残る関連名言集

芸術、文学などに対しても多大な影響を与えました。

そんなユングの探究はフロイトとの関係なしに語ることはできません。

若き日のユングはフロイトの『夢判断』を読み感銘を受け、フロイトのもとを訪れます。

フロイト自身も、才能溢《あふ》れる若きユングに心惹《ひ》かれ自らの後継者になることを期待し、１９１０年に設立された国際精神分析協会ではユングを初代会長に任命します。

しかし、フロイトとユングの考え方の間には次第に乖離《かいり》が生じ始め、１９１４年には決別します。

フロイトは無意識のことを、意識下で抑圧された欲求が蓄積していく領域であると捉えていたのに対して、ユングは無意識とはそのような形で意識と区別されるものではないと考えていました。

---

› もしあなたが人を憎むなら、あなたは、あなた自身の一部でもある彼の中の何かを憎んでいるのだ。我々自身の一部でないようなものは、我々の心をかき乱さない。

——ヘルマン・ヘッセ
（ドイツの小説家・詩人〔ノーベル文学賞受賞〕/ 1877～1962）

› 権力欲は強さでなく弱さに根ざしている。

——エーリッヒ・フロム
（ドイツの社会心理学者・精神分析学者 / 1900～1980）

**ユングは、意識の上での偏りを是正してバランスを取ろうとするのが無意識であり、意識と無意識というのは2つがセットで1人の人間の心を形成しているのだと捉えていました。**

フロイトもユングも、意識と無意識の分析を行うという点では共通していましたが、意識と無意識の関係性への捉え方に相違があったのです。

そうした相違が生じたのは、フロイトとユングの生まれ育った環境の違いにも一因があると言えます。

ユングは1875年7月26日、スイスのコンスタンツ湖畔の牧師館で生まれました。

精神病院の礼拝堂牧師の父親と霊媒体質の家系の母親のもとで育ったユングは、**幼い頃から宗教やスピリチュアルな世界との接触が多い生活でした。**

しかし、ユングは両親に対してどこか頼りない印象を抱いており、むしろ自分と同じ名の祖父に憧れの念を持っていました。

祖父はユングが生まれる前にすでに他界していますが、バーゼル大学医学部

---

› 長所は必ず、短所を伴う。

——ニッコロ・マキャベリ

（イタリアの政治思想家・外交官／1469～1527）

› 自分の長所にうぬぼれてはならない。自分の短所に劣等感をもつ必要もない。長所も短所も天与の個性、持ち味の一面なのである。

——松下幸之助

（日本の実業家・パナソニック創業者／1894～1989）

で教授と学長も務めたほどの人物で、地元では有名人でした。

またユングは**幼い頃から一人遊びに没頭し空想に耽《ふけ》って過ごすことが多く、深い無意識の世界に触れる神秘的な体験を生涯を通して何度も経験しています。**

大学時代のユングは医学を専攻しますが、人間の生物としての側面と精神としての側面にもっぱらの関心を寄せており、その両者が統合された領域として精神医学という道に進むことを決めます。

大学卒業後は、「統合失調症」概念の提唱者であるオイゲン・ブロイラーの助手の職に就き、統合失調症の研究を行いました。

そうした生活環境や神秘的な体験はユングの考え方の出発点となっており、フロイトのそれとは根本的に異なっていました。

また、フロイトが神経科医としてヒステリー患者の診療を行っていたのに対して、ユングは統合失調症の研究からキャリアをスタートさせたという点にお

› どんな問題にも両面がある。

——プロタゴラス
（古代ギリシアの哲学者／紀元前481～紀元前411）

いても違いがあったのです。

そんなユングは、意識と無意識の関係を「光」と「闇」の関係のように捉えていました。

「光」と「闇」というのは別個のものと捉えがちですが、実は表裏一体、お互いがお互いなしには存在できないものです。

というのも、「闇」があるからこそ「光」が存在していることがわかり、また、「光」があるからこそ「闇」が存在していることがわかります。

「闇」だけの真っ暗な世界では「闇」とは何かわかりません。同じく、「光」だけの眩《まばゆ》い世界では「光」とは何かがわからないのです。

つまり**正反対の存在同士であるからこそ、相手のおかげで自分の存在が浮き立ってくる**ということです。

それと同じように「意識」と「無意識」も2つで一つであり、それらが統合

---

› 暗いのではなく、優しいのだ。のろまではなく、丁寧なのだ。失敗ばかりではなく、たくさんチャレンジをしているのだ。

——アルフレッド・アドラー
（オーストリアの精神科医／1870〜1937）

された姿としてユングは人間の心というものを捉えていました。

そして、両極のもの同士を統合して一つのものとして捉える視点を、ユングは人生全般にも当てはめていました。

「自分が嫌い」という思いを感じてしまうことがあるかもしれません。しかし、それは自分に関するある特定の事柄に関してのことなのではないでしょうか。

そうした自分の負の側面というのは、どうしても目を背けたくなったり否定したくなったりしてしまいます。それさえなければと、思い詰めてしまうこともあるでしょう。

しかし、ユングの捉え方を採用するならば、**自分というのはそうした負の側面あってこその存在であるのだ**と、自分自身をありのままに受け止める視点になるのではないでしょうか。

心理学の巨匠が提起した視点は、人生哲学としても大いに価値あるものなのです。

---

› 力は、あなたの弱さの中から生まれるのです。

——ジークムント・フロイト
（オーストリアの精神科医／1856～1939）

## 意識とは、計り知れないほど広々した無意識の領域を覆い隠している、表面あるいは表皮のようなものだ。

ユングは、個人の意識の奥には個人的無意識があり、そのさらに奥には「集合的無意識」の領域が広がっていると考えていました。

この「集合的無意識」という領域は個人の範囲を超えて共有される無意識であり、それは民族的、時代的な広がりを持って人々の間で共有されるものとされます。

そしてユングは、個人の意識というのは、個人的無意識の表出であると同時に、その個人的無意識は「集合的無意識」からの表出であると考えていました。

つまり、ユングに言わせれば**私たちが日頃意識している自分というのは、そのもとをたどっていくとはるか広大な領域である無意識（および「集合的無意**

> 人生において人がなすべき主な仕事とは、自分自身を誕生させることである。可能性としての自分を実現することである。人の努力のもっとも重要な成果とは、その人自身のパーソナリティである。
>
> ——エーリッヒ・フロム
> （ドイツの社会心理学者・精神分析学者／1900～1980）

> 心とは氷山のようなものである。氷山は、その大きさの7分の1を海面の上に出して漂う。
>
> ——ジークムント・フロイト
> （オーストリアの精神科医／1856～1939）

識」）から影響を受けているのであって、普段はそのことに全く気づかないで過ごしているというわけです。

無意識を意識しない限り、人生は無意識に支配されてしまうとすらもユングは考えていました。

ただし、そのことは同時に、**私たちには常に広大な可能性が秘められているということも暗に示しています。**

私たちは人生を歩んでいく中で、それまで知らなかった新しい自分に出会うということが幾度となく起こるかと思います。

そして、これ以上新しい自分と出会うことはもうないだろうと思っても、その予想は外れ、時の経過とともにまた新しい自分に出会ってきたかと思います。

たとえ今、自分自身にどこか限界を感じているとしても、それは意識できている範囲のことにすぎません。

ユングの考え方は、自分にはまだまだ予想もできないような新しい可能性が

---

> われわれの意識は、実在意識と潜在意識の二つに分割されている。そしてわれわれの心理作用の90パーセントまでは、この潜在意識の作用で行われるのである。
>
> ——中村天風
> （日本の思想家／1876〜1968）

> 真理を探究するのであれば、人生において一度は、あらゆる物事をできる限り深く疑ってみる必要がある。
>
> ——ルネ・デカルト
> （フランスの哲学者・数学者／1596〜1650）

眠っているのだと思わせてくれます。

ユングの心理学が**「希望と救いをもたらす心理学」**と呼ばれる所以《ゆえん》はここにあります。

**ある人に合う靴も、別の人には窮屈なものである。あらゆるケースに適用する人生の秘訣などない。**

フロイトもユングも、人間には抑えることのできない本能的なエネルギー（リビドー）があり、それは無意識の領域を経て意識下に表出してくると考えていました。

しかし、フロイトがそうした本能的なエネルギーの根源をもっぱら「性欲」に還元していたのに対して、ユングは「性欲」以外にも承認欲、権力欲などといった諸々の欲求にも見出すことができるとしました。

---

› 他人の感受性を軽蔑してはいけない。感受性はその人の才能なのだ。

——シャルル・ボードレール
（フランスの詩人・評論家／1821～1867）

› ある人の生き方が非合理だといって反対するのは手前勝手なでしゃばりではあるまいか。なぜなら、そのように言うことは、その人の信念確定の方法が自分のそれとは違う、ということを言っていることにすぎないからだ。

——ジャン＝ジャック・ルソー
（フランスの啓蒙思想家・哲学者・作家／1712～1778）

さらに、宗教的、想像的、精神的なエネルギーもまた根源的な本能エネルギーであると考えていました。

そして、**そうした止めることのできない根源的なエネルギーが意識下で抑圧された結果、意識と無意識の調和が一時的に崩れ、その崩れを取り戻そうとして人はさまざまな精神的な問題を抱える**とユングは考えていたのでした。

そのため、ユングにとって**「人それぞれ」**という考え方は単なる自己啓発的な視点からくるのではなく、人間の心の成り立ちからも明らかなものでした。

私たちが生きる現代では至る所で「自分らしさ」の大切さが説かれていますが、実情を知らない表面的なアドバイスのように聞こえてしまいます。

しかし、人間の心の内奥《ないおう》の考察を経て出てきたユングの言葉には、確かにそうなのだという説得力があります。

見たり聞いたりしたことが自分に当てはまらないとしても、気に病む必要はないのです。

「自分はダメだ」などと落ち込まず、**「自分には当てはまらなかったのだな」**

---

› 人は人、自分は自分だ。自分が本当にやりたいこと、ほしいものを目ざして進んでいく。それが人生の成功というものだ。そう気づけば、他人の動向など、あまり気にならなくなる。

——斎藤茂太
（精神科医・随筆家／1916～2006）

› 互いに相違点があることは認めよう。たとえ今すぐ相違点を克服できないにしても、少なくとも多様性を認められるような世界を作る努力はできるはずだ。

——ジョン・F・ケネディ
（アメリカの第35代大統領／1917～1963）

と気持ちを切り替えて前向きになればいいじゃないかと、ユングなら言うのではないでしょうか。

**幸福な人生にさえも、ある程度の暗さはあるものです。そして「幸福」という言葉は、悲しみによってバランスが取られなければ、その意味を失ってしまう。**

過去の失態を悔やんでいる時、将来の展望を思い悩んでいる時、はたまたまさに今、辛い状況の真っ只中《ただなか》にいる時。

「自分は幸せだ」などという気持ちには、とてもじゃありませんがなれないものです。

そして、そのようにネガティブな状態にいるということは自分が不幸であることの裏付けであるとさえ思ってしまいます。たとえ、数えてみれば無数の幸

› 船荷のない船は不安定でまっすぐ進まない。一定量の心配や苦痛、苦労は、いつも、だれにも必要である。

——アルトゥル・ショーペンハウアー
（ドイツの哲学者／1788～1860）

› 幸せでありたいというのか。まず苦悩することを覚えよ。

——イワン・ツルゲーネフ
（ロシアの小説家／1818～1883）

せに囲まれていてもです。

それは「幸せにならなければいけない」といったある種の強迫観念に近いものもあることでしょう。

しかし、ユングの考え方を学ぶ者なら誰でも、「幸福か不幸か」といった二択の発想にはならないでしょう。

なぜならば、**幸福と不幸は二つで一つ**だからです。

**お金に困る経験をしたからお金の大切さがわかるように、幸福を感じるためには不幸とは何かを知らなければならないということです。**

この考え方は、幸せを求めて消耗する現代人にいくらかの示唆をもたらすでしょう。

それと同時に、「生きる」とは何かについての根源的な問いを私たちに投げかけてきます。

---

› 私には見える。死の中に生が存在するのを。虚偽の中に真実が存在するのを。闇の中にこそ光が存在するのを。

——マハトマ・ガンジー
（インドの弁護士・政治指導者／1869～1948）

› 人間に関することに安定などないことを忘れてはならない。それゆえに、繁栄している時には過度の喜びを避け、逆境にある時には過度の落ち込みを避けなさい。

——ソクラテス
（古代ギリシアの哲学者／紀元前470～紀元前399）

Another Story

# 初めて見たその瞬間に結婚を確信する!?

天才とは女性への思い込みが激しい生き物なのか。

ご多分にもれずユングもまた女性に一直線でした。

ユング21歳の時のこと。階段から降りてくる1人の少女が目に止まります。
7歳も年下のエンマです。

なんとこの時、ユングはエンマこそが自分の将来の伴侶にちがいないと確信します。

確信するほどですから何か根拠があると思いきや、根拠は直感！

そう。自己紹介すらお互いしていないのに結婚を確信してしまうのです。直感的に！

相手にしてみればトラウマになってもおかしくありません。
7歳も年上で初対面の成人男性に、勝手に将来の妻扱いされてしまうわけですから。

しかし、さすがはユング大先生。実際にエンマとは結婚することになるのです。
いやはや恐るべし。

Story
13

# 年齢を気にして諦めてしまう人へ

## カーネル・サンダース

**カーネル・サンダース**　1890年9月9日 - 1980年12月16日（90歳没）

ケンタッキーフライドチキンの創業者。カーネル・サンダースとして知られる。65歳から事業を始め、世界的なフランチャイズ事業にまで成長させた。一般的に知られているその姿の裏には、浮き沈みの激しい波乱万丈の人生があった。

# 何歳であろうと根性があって、やる気と信念があるなら大丈夫。それがすべてにおいて最も大きな要素です。

日本でもおなじみのケンタッキーフライドチキン。お店の入り口に立っている白いスーツに白い口髭《くちひげ》、クリスマスには必ずサンタクロースの格好になるこのお方。

それがカーネル・サンダースという名前で親しまれている本名ハーランド・デーヴィッド・サンダースです（以下、サンダース）。

実はこの方、65歳という決して若くはない年齢からフライドチキンのフランチャイズ展開を本格的に始め、世界規模にまで広げました。

事のキッカケはサンダースが40歳の時、ケンタッキー州コービンにてガソリンスタンドの経営を始めた時にまで遡ります。

心に残る関連名言集

人は何度やりそこなっても、「もういっぺん」の勇気を失わなければ、かならずものになる。

——松下幸之助

（日本の実業家・パナソニック創業者／1894～1989）

サンダースは、かねてよりトラックの運転手や旅行者がお腹を空かせて訪れてくることを知っていました。ガソリンスタンドに訪れる客はよく「近場に美味しいレストランはないか」と尋ねていたのです。

そこに目をつけたサンダースは、ガソリンスタンドの敷地の一角に小さなレストラン「サンダース・カフェ」を開きます。

料理の腕に自信があったサンダースの手料理は絶品で、すぐ話題になります。

**そこで生まれたのが、じっくりと茹《ゆ》で上げ11種類のオリジナルスパイスで味付けをするフライドチキンでした。**

サンダースはこのガソリンスタンド経営を入り口に、ビジネスで束の間の成功を収めます。

「サンダース・カフェ」で人気を得た後、今度は「サンダース・イン」というホテルを敷地内に併設します。少し割高でしたが、配慮の行き届いたサービスで満足度は高く、このホテルは連日満員でした。

---

› 年をとったからこんなことはできない、そう思ったら今すぐやったほうがいいわ。

——マーガレット・デランド
（アメリカの作家／1857〜1945）

› なりたかった自分になるのに遅すぎるということはない。

——ジョージ・エリオット
（英国の作家／1819〜1880）

その成功ぶりといえば、「欲しいものがあったらレジからお金を取ってメモを残して置いていてくれればいい」と娘に伝えたほど。

しかし、雲行きは怪しくなっていきます。

なんとビジネスの中核を担っていたレストランとホテルが燃えてしまうのです。

その後なんとか経営を立て直すのですが、今度は国道付近に高速道路が開通し、車と人の流れが大きく変わってしまいます。古い国道沿いにあったサンダースのお店には、お客が入らなくなってしまったのです。

経営困難となったため仕方なくお店を売却するのですが、**借金の返済分も合わせるとサンダースの手元にお金は残らず、65歳にして再び一文無しになってしまいます。**

ただ、ここでへこたれるサンダースではありませんでした。

---

› 耐える心に、新たな力が湧くものだ。全てそれからである。心機一転、やり直せばよいのである。長い人生の中で、そのための一年や二年の遅れは、モノの数ではない。

——本田宗一郎
（日本の実業家・ホンダの創業者／1906～1991）

› 年とった者も、若い者と同じように夢を持つことができる。それに向かって励め。

——ジョン・グレン
（アメリカの宇宙飛行士／1921～2016）

お店で人気だったフライドチキン。**「一文無しになってもこのレシピだけは手元にあるじゃないか」と、そのレシピを使ったフライドチキンの販売権利を売るビジネスを始めます。**

最初は断られ続けました。一説によると、1000以上のレストランに営業するものの断られ続けたそう。

それでも諦めなかった結果、徐々にフランチャイズの加盟店は増えていきます。そして私たちの知っている世界的規模のケンタッキーフライドチキンにまで成長していったのです。

「あなたは本当に老いていくのではありません。自分が老いたと感じた分だけ、思い込んだ分だけ歳を取るのだ。あなた自身が〝歳を取った〟と思わない限り、いくつになってもやれる仕事はたくさんあるのです」⑤

サンダースはこのように言い残しています。

サンダースにとって年齢など関係ありませんでした。**「根性」「やる気」「信**

---

› 志を立てるのに、老いも若きもない。そして志あるところ、老いも若きも道は必ず開けるのである。

——松下幸之助
（日本の実業家・パナソニック創業者／1894〜1989）

› あなたにできること、あるいはできると夢見ていることがあれば、今すぐ始めなさい。向こう見ずは天才であり、力であり、魔法です。

——ゲーテ
（ドイツの詩人・小説家・劇作家／1749〜1832）

**念」さえあれば、いついかなる時でも始動できる**ことをその身をもって知っていたのでしょう。

サンダースの生き様とそれを言い表したかのようなこの言葉には、**たとえいくつになっても挑戦することに遅いということはないと、私たちに勇気とやる気を与えてくれます。**

**失敗とは、再始動したり、新しいことを試したりするために与えられたチャンスだ。私はそう信じている。**

お店が燃え、高速道路が新しくできたことで客も激減。お店を売って一文無し。そこから再始動して世界規模のフランチャイズ事業へ。

まさに失敗をチャンスと捉え、起死回生するサンダースらしい言葉です。

---

› 人生に失敗がないと、人生を失敗する。

——斎藤茂太

（日本の精神科医・随筆家／1916～2006）

› 人間、志を立てるのに遅すぎるということはない。

——スタンリー・ボールドウィン

（英国の政治家・実業家／1867～1947）

ただ、**サンダースの人生を振り返ると、そのように失敗から立ち上がるということが実は一度や二度ではありませんでした。**

1921年、31歳のとき、それまで貯めたお金をすべて注《つ》ぎ込んでライトを販売する会社を作ります。

しかし競合他社がもっと新しいライトを発明してしまいあっけなく潰れ、34歳にして破産し一文無しになります。

サンダースはそこでへこたれてしまうことなく、今度はタイヤのセールスマンを始めます。

すでに結婚もして子供もいたサンダースは、一家を養うためにも一生懸命に働きます。

その甲斐もあり一時は全米一の売上を誇るタイヤのセールスマンになったほどです。

しかし、タイヤのセールスマンを始めてから1年半経った頃、今度は吊《つ》り橋から車ごと転落して大怪我をします。なんとか命だけは助かりますが営業用の

---

› 人間の目は、失敗して初めて開くものだ。

——アントン・チェーホフ
（ロシアの劇作家・小説家／1860～1904）

› 成功と同じように、過ちが良い教師になるということを学んできた。

——ジャック・ウェルチ
（アメリカの実業家／1935～2020）

車は壊れます。体も怪我で動かせないので致し方なく失職してしまいました。

しかし、下がったら上がるを繰り返すサンダースの人生。

歳は37歳。今度は、ガソリンスタンドの店舗運営の仕事をしないかと話が舞い込みます（前述のフライドチキンが生まれた頃のガソリンスタンドとは別です）。

持ち前のサービス精神で訪れた客の車を無料で綺麗にし、タイヤの点検まで行います。すぐにそのサービスは評判となり、平均的なガソリンスタンドの3倍の売上を叩き出します。

ただし、上がったら下がるも繰り返すサンダースの人生。

今度は干魃《かんばつ》の影響による不景気でガソリンはどんどん売れなくなります。

初めのうちは後払いでよいからとガソリンを売っていましたが、そこに世界恐慌（ブラックサーズデー）も重なり、にっちもさっちも行かなくなってしまいます。貸したものの返してもらえないお金が増えすぎてしまったのです。

---

》生きるうえで最も偉大な栄光は、決して転ばないことにあるのではない。転ぶたびに起き上がり続けることにある。

——ネルソン・マンデラ

（南アフリカの政治家〔ノーベル平和賞受賞〕／1918～2013）

》あやまちなどというものは存在しません。あやまちはそこから必ずなにかを学べる恵みなのです。

——エリザベス・キューブラー＝ロス

（アメリカの精神科医／1926～2004）

致し方なくガソリンスタンドの経営からは手を引くことになってしまいました。

そしてそこに続くのが、先ほどのケンタッキー州コービンでのガソリンスタンド経営の誘い。そこからの成功談は前述の通り。

もちろんケンタッキーフライドチキンのフランチャイズ展開が軌道に乗った後も、変わらず上がったり下がったりを繰り返すサンダースの人生です。

しかし、サンダースにとっては**「失敗とは再始動のチャンス」**なわけですから、**落ち込んだり立ち止まったりはしないのです。**

「諦めて失速しない限り、じつはまったく新しい人生をそこから築くことが可能なのです」[5]

「失敗や無駄だと思われたことなどを含めて、今までの人生で学んできたことを、決して低く評価する必要はない」[5]

---

› 失敗なんかしちゃいない。うまくいかない方法を一万通り見つけただけだ。

——トーマス・エジソン
（アメリカの発明家・起業家／1847～1931）

そのようにもサンダースは言い残しています。

その人生を通じて「失敗はチャンス」を証明してきたサンダースの生き様を知ると、困難にぶつかった時も大きな勇気を分け与えてもらえます。

**安易な道は効率的だし時間もかからない。困難な道は骨が折れるし時間もかかる。しかし、時間の針が進むにしたがって、容易だった道が困難になり、困難だった道が容易になるものだ。**

**徹底した顧客サービスに、ケチらない料理。そして地道な営業活動。**

サンダースは決して安易な道を進みません。むしろ、険しく大変な道を好きこのんで進んでいるようにも見えます。

---

› 人の一生は、重荷を負うて遠き道をゆくがごとし。急ぐべからず。

——徳川家康
（戦国時代の武将・江戸幕府の初代征夷大将軍／1543〜1616）

› 苦難はたいてい未来の幸福を意味し、それを準備してくれるものであるから、私はそうした経験を通じて、苦難のときには希望を抱くようになり、逆にあまりに大きな幸福に対しては疑念を抱くようになった。

——カール・ヒルティ
（スイスの作家／1833〜1909）

実はサンダースは6歳の時に父親を亡くし、10歳の時にはもう働き始めます。14歳の時には学校を辞めていました。

青年期にかけては、ペンキ職人の見習い、路面電車の車掌、兵隊、鉄道の機関士、保険の営業マンなど、それ以外にも40種に上る職を転々としたようです。

それは決して容易な道ではなかったことでしょう。しかし、**だからこそ新しいことを学んだり、新しい世界に飛び込むことに慣れていった**のかもしれません。

逆に簡単なことというのは、やり甲斐もなくすぐ飽きてしまうものです。

また、簡単なことこそモチベーションは失《う》せやすく継続することが心理的に困難であったりもします。

「いったん⑤仕事に慣れると、そこには素晴らしい喜びがあるのです」

サンダースはそのようにも言い残しています。

---

› この山を登らんとする者、麓にては大いなる苦しみにあわん。されど登るにつれそは減ずべし。そのゆえに、辛苦も愉しみになりつるとき、登ることいとやさしくみえて、速き流れを小舟にて下るがごとし。

——ダンテ・アリギエーリ
（イタリアの詩人・哲学者／1265～1321）

› 成熟するためには、遠回りをしなければならない。

——開高 健
（日本の小説家／1930～1989）

たとえ今どんなに困難な道を歩んでいたとしても、時間をかけてじっくりと取り組み続けていく中で、険しかった道は徐々になだらかになる。そして、困難を乗り越え成し遂げてきたことに対して喜びを感じることができる。

サンダースの言葉は、目標達成を信じて困難な道を歩み続ける私たちにエールを送ってくれます。

**私がやったことなど、誰にでもできることだ。ポイントはただ一つ。心から「やろう」と思ったかどうかである。心が思わないことは、絶対に実現できない。**

失敗や挫折のたびに立ち上がり、困難をものともせず突き進んできたサンダース。

私たちから見たら、それは常人離れした精神力あってこそのように感じてしまいます。そこに何か秘訣はなかったのでしょうか。

› 我できる、ゆえに我あり

——シモーヌ・ヴェイユ
（フランスの哲学者／1909〜1943）

そんな疑問に対してサンダースは**「心から『やろう』」と思ったかどうか**だと言っています。

他にもこのように言い残しています。

「[5]人は、自分が『やれる』と思うか『やりたい』と思う分だけ前進できる」

実際問題として、ネガティブになって落ち込んでいる時というのはサンダースのように奮起することは難しいものです。

何よりもまず大切なのは、気力が回復するようにゆっくり休むことです。

ゆっくり休んで、気持ち的にもゆとりができた時、もし行動する意欲が湧いてきたらサンダースになりきって「やろう！」と心の中でぎゅっと握り拳を握ってみると、不思議と沸々と力が湧いてくるかもしれません。

---

› そのことはできる、それをやる、と決断せよ。それからその方法を見つけるのだ。

——エイブラハム・リンカーン
（アメリカの第16代大統領〔奴隷解放の父〕/ 1809～1865）

› できる事でもできぬと思えばできぬ。できぬと見えても、できると信ずるがためにできることがある。

——三宅雪嶺
（日本の哲学者・評論家 / 1860～1945）

Another Story

# 布団に入ったら悩みはゼロ！切り替え上手なサンダース

サンダースはどんなに大変な時期でも布団に入ったら最後、すっかりリラックスして寝てしまうのでした。

「ベッドに入ったらあれこれ悩まないことだ。とても辛かったコービン時代以来、私はずっとそうしてきた」

コービン時代とは、干魃と世界恐慌に見舞われガソリンスタンドの経営から手を引いた後、再び舞い込んできたガソリンスタンドの経営時期のことです。

サンダースがどんな困難を前にしても、それに負けることなく突き進むことができたのは、寝る時に悩むことをしないという習慣のおかげだったかもしれません。

私たちは、ストレスフルなことがあると寝る時もずっとそのことを考えてしまいがちです。眠りになかなかつけなかったり、悪夢にうなされたり、途中で起きてしまったりと。

睡眠不足は心と体に負の循環をもたらす大要因です。

サンダースのように、「ベッドに入ったらあれこれ悩まない」。これは、誰にとっても今すぐ真似したい習慣です。

Story 14

# 自信が持てない人へ

## 野口英世

**野口英世**（のぐち・ひでよ）　1876年11月9日 - 1928年5月21日（51歳没）

福島県耶麻郡三ッ和村（現：耶麻郡猪苗代町）出身。農家の長男として生まれる。幼少期の左手の大怪我を乗り越え、独学で勉学に励み医師となる。アメリカのロックフェラー医学研究所に勤め、数々の論文を発表。黄熱病や梅毒の研究で知られる。

# 過去を変えることはできないし、
# 変えようとも思わない。
# なぜなら人生で変えることができるのは、
# 自分と未来だけだからだ。

時は明治。激動の時代の幕開け期、1876年（明治9年）に今の福島県耶《や》麻《ま》郡猪苗代町にて農家の長男として野口英世（本名：野口清作《せいさく》）は誕生しました。

英世は1歳に満たない時、囲炉裏に落ちてしまい左手に大火傷を負います。この時の火傷で左手の指はくっついてしまい、物を握れない手となってしまいました。

父親の佐代助《さよすけ》は人柄は良かったのですが、酒好きの怠け者であり、お金のために土地を売ってしまうなど生活は貧しいものでした。

そのため、英世は医者に治してもらうことも薬を買うこともできず、火傷を

心に残る
関連名言集

› うしろをふり向く必要はない。あなたの前にはいくらでも道があるのだから。

――魯迅
（中国の小説家・思想家／1881〜1936）

負った左手は木のこぶのように固まってしまいます。

英世はこの怪我が原因で幼少期に辛い思いをたくさんします。**小学校時代は友達にからかわれ、いじめられます。**

家は農家なのですが、左手が不自由なので畑仕事を手伝うこともできませんでした。

しかし母はそんな英世を励まし続け、左手が不自由なままでも構わないよう学業で立派になるようにと応援しました。

英世はそんな悔しさをバネに誰よりも勉強を頑張ります。

そんな努力の甲斐もあり、小学校の卒業試験で非常に良い成績を収めた英世はその秀才ぶりを認められ、高等小学校（現在の中学校に該当）に進学します。

その時の費用は、試験官で高等小学校の先生でもあった小林栄《さかえ》先生の計らいによって工面してもらえました。

高等小学校に片道６km の道を雨の日も雪の日も休まず歩いて通います。英世

› あなたの才能ではなく、あなたの態度が、あなたの高度を決めるのだ。

――ジグ・ジグラー
（アメリカのモチベーション講演家・作家 / 1926～2012）

› 変化とは人生の法則である。過去と現在しか見ない人は、確実に未来を見失う。

――ジョン・F・ケネディ
（アメリカの第35代大統領 / 1917～1963）

は小林先生の期待に応え、高等小学校でも非常に良い成績を収め続けました。

そんなある日、授業の中で左手の障害と共に歩んできた苦しい子供時代について作文を書いたところ、教師や同級生が感動し、学校中で募金を行い英世の左手を治すための治療費を集めてくれました。

そのおかげで英世は左手の手術を受けることができ、不自由ながらも見事左手の指を使えるようになりました。

英世はこの時の手術の成功に感動したことをきっかけに、医者を目指すようになったのです。

その後も英世は地道な努力を続け、いろいろな人に助けられながらも医学の勉強に勤しみ医術開業試験に合格しました。

後の活躍は後世に広く知れ渡る通り。主に細菌学の研究に従事し数々の論文を発表します。

特に黄熱病や梅毒の研究で知られ、世界中の人々を救い、医学の発展に大き

---

› 人の心理は物理学と違う。問題の原因を指摘しても、勇気を奪うだけ。解決法と可能性に集中すべきだ。

——アルフレッド・アドラー
（オーストリアの精神科医／1870～1937）

› 汗で溺れた者はいない。

——ルー・ホルツ
（アメリカのカレッジフットボールコーチ／1937～）

く貢献しました。

「[6]過去を変えることはできないし、変えようとも思わない。なぜなら人生で変えることができるのは、自分と未来だけだからだ」

この言葉はまさに英世の人生を体現しているかのような言葉です。

英世には、医者になる夢を諦めることを正当化するような理由はいくらでもあったことでしょう。

身体的な障害があったのはもちろんのこと、経済的にも恵まれていませんでした。

出身も農家出身の田舎者で、医学の道を志すにしても頼りになる情報はありませんでした。

その上、左手の怪我で指を細かく動かせなくなってしまうなんて、自分の将来に悲観的になってしまってもおかしくないでしょう。

しかし、**そうしたことを理由に夢を諦めるのではなく、今自分にできることに一生懸命に向き合い、己の可能性を信じ続けました。**

---

› **君という人間は君の行為自体の中に宿っている。君の行為こそ君なのだ。もうそれ以外のところに君はない！**

――アントワーヌ・ド・サン＝テグジュペリ
（フランスの作家／1900〜1944）

そんなひたむきで前向きな英世の姿に心打たれ、人生で直面する多くの困難に対していろいろな人が救いの手を差し伸べてくれるのでした。

英世は「忍耐」と「努力」でもって、数々の困難を乗り越え、世界にその名を轟《とどろ》かすほどになったのです。

「変⑥えられるものが二つある。それは自分と未来だ」

「誰⑥よりも、三倍、四倍、五倍勉強する者、それが天才だ」

このようにも英世は残しています。

今この瞬間を起点に、自分には何ができるのかを考え、想像だけで限界を設けない。

**「忍耐」と「努力」で自分自身を取り巻く環境を変えてきたのが英世の人生です。**

---

› 心の中に未来にふさわしいビジョンを描け。そして、自分を過去の末裔であるという迷信を忘れるんだ。あの未来の生を思い巡らせば、工夫し、発明すべきものが限りなくある。

——フリードリヒ・ニーチェ
（ドイツの哲学者／1844〜1900）

そんな英世の生き様と、英世だからこそ残せた言葉には、志は持てど、それを果たす自信を持てないでいる私たちに大きな勇気を与えてくれます。

## 絶望のどん底にいると想像し、泣き言をいって絶望しているのは、自分の成功を妨げ、そのうえ、心の平安を乱すばかりだ

このような言葉は、落ち込んでいる人に向かってアドバイスする側の人間にとっては簡単に言える言葉です。

いざ自分自身が失意のど真ん中にいる時は、泣き言を言わないなどということは難しいものです。

そのため、泣き言を言っている暇があったら努力しろなどと、自分に向かって厳しい言葉をかける必要はありません。

---

> 自分の価値は自分で決めることさ。つらくて貧乏でも自分で自分を殺すことだけはしちゃいけねぇよ。
>
> ——勝 海舟
> （幕末の武士・政治家／1823～1899）

> わたしは無駄にこの世に生れてきたのではない　また人間として生れてきたからには　無駄にこの世を過ごしたくはない
>
> ——相田みつを
> （日本の詩人・書家／1924～1991）

しかし、**英世は絶望のどん底にいる時も、そこにうずくまって落ち込むのではなくひたすらの努力を続けました。**

そんなことができるのは英世だからこそで、それはそれは類稀な根性の持ち主であったことでしょう。

さらに、次のようにも言い残しています。

「家が貧しくても、体が不自由でも、決して失望してはいけない。人の一生の幸も災いも、自分から作るもの。周りの人間も、周りの状況も、自分から作り出した影と知るべきである」⑥

もしあなたが今、ひどく落ち込んでいるのなら、まずはゆっくり休むことが大切です。

ゆっくり休んでいると、ふとした時に重い腰が軽くなり、動き出す気持ちになる時がやってくることでしょう。

---

› 確立した目的を持つ人間は、それを実現せねばならない。その実現のため、実在しようとする意志に値しては何も抵抗しうるものではない。

——ベンジャミン・ディズレーリ
（英国の政治家／1804～1881）

› いったん志を抱けば、この志にむかって事が進捗するような手段のみをとり、いやしくも弱気を発してはいけない。たとえその目的が成就できなくても、その目的への道中で死ぬべきだ。

——坂本龍馬
（幕末の志士・土佐藩郷士／1836～1867）

**そのように気持ちが前向きに切り替わった時、英世の熱い言葉を思い出してみることは自分の精神を鼓舞する一助となるはずです。**

## 私はこの世界に、何事かをなさんがために生まれてきたのだ。

英世は、目的のためであれば手段を選ばないということが多々ありました。

左手を手術してもらい指が動かせるようになったことに感動した英世は医者になりたいと志すようになるわけですが、いったいどうすればよいのか右も左もわからない状況でした。

そこで英世はどうしたのかというと、自分の左手を手術してくれた先生が経営する医院に書生として住み込ませてもらい、そこで働きながら医学の基礎を学びます。**学校に通い医学を学ぶのではなく、病院で直接医学を学ぶあたりに英世の猪突猛進ぶりが表れています。**

---

› 困難とは、ベストを尽くせるチャンスなのだ。

——デューク・エリントン
（アメリカのジャズオーケストラリーダー／1899〜1974）

› 元気を出しなさい。今日の失敗ではなく、明日訪れるかもしれない成功について考えるのです。

——ヘレン・ケラー
（アメリカの教育家・社会福祉活動家／1880〜1968）

また単身渡米した際も、たまたま視察で来日していたサイモン・フレクスナー博士の伝手《つて》を頼ってアポもなしに博士のもとを訪れます。なんとか頼み込んで助手として研究することを許されるのでした。

他にも、お金にかなりルーズだった英世は何度も何度も歯科医の血脇守之助《ちわきもりのすけ》にお金の面で頼ります。学業に専念するための生活費も、渡米する時の費用も金銭的なサポートを受けました。

もちろん英世の金銭的なルーズぶりに関しては評価が分かれるところですが、**ある意味で目的のためには手段を選ばない英世の一直線な性格が表れています。**

「志を得ざれば再び此の地を踏まず」（医者という志を果たさない限り、ここには戻らない）

このように英世は実家の柱に書き記したほどです。

**決意というのは、時に私たちに大きな勇気を与えてくれます。**

---

› おだやかな心は問題を解決します。怒りにふるえ、悲しみに打ちひしがれ、嫉妬に狂った心は問題をますます混乱させます。問題の解決は心のおだやかな時にしなさい。

――ジョセフ・マーフィー
（アイルランド出身の著述家／1898～1981）

› 苦難の時に動揺しないこと。これが真に賞賛すべき卓越した人物の証拠である。

――ルートヴィヒ・ヴァン・ベートーヴェン
（ドイツの作曲家・ピアニスト／1770～1827）

そしてそんな決意の力があったからこそ、英世は圧倒的な行動力によって夢への道を切り開いていったのでした。

自信をなくして挑戦を続ける気概を損ねかけている時であったとしても、初心に戻り決意を新たにすることで沸々と気力が湧き出てくることもあります。

英世は忍耐と努力の達人であっただけではなく「決意の達人」でもあったことでしょう。

そんな英世の姿勢を如実に表したがごとくのこの言葉は、何かにチャレンジする時のスローガンとして私たちに勇気を与えてくれます。

## 忍耐は苦い。しかし、その実は甘い。

英世は「忍耐」の人でした。**褒美はなく成果も見えない中であったとしても、弛《たゆ》まぬ努力を続けた人でした。**

---

› 我慢は力よりも気高く、忍耐は美しさに勝る。

——ジョン・ラスキン
（英国の美術評論家・社会思想家／1819～1900）

そうした継続的な努力を通して、貧しい農家の出身にもかかわらず医学の道で世界的な業績を残すことができました。

英世は忍耐の苦しみを嫌になるほど味わってきたことでしょう。

しかしそんな英世だからこそ、耐えに耐え忍んだ後の成果の喜びは、言葉ではとても表現できないものだったのではないでしょうか。

英世は忍耐の苦しさの味はもちろんのこと、忍耐の結果得られる果実の味も知ることができたのです。

ただ現代においては、やれ忍耐だ、根性だ、努力だと声高に叫ぶのはあまりウケが良くないかもしれません。

むしろ最近では「好きなことを仕事にする」であったり「効率良く成果を出す」ということが評価されやすく、根性だけで乗り切ろうとする態度は冷たい目で見られがちです。

---

勝利への道が困難であればあるほど、勝ったときの喜びは大きくなる。

——ペレ
（ブラジルの元サッカー選手／1940～）

寒さにふるえた者ほど太陽の暖かさを感じる。人生の悩みをくぐった者ほど生命の尊さを知る。

——ウォルト・ホイットマン
（アメリカの詩人・随筆家／1819～1892）

しかし、**仮に好きなことで仕事をしようが、効率良く成果を出すように工夫を重ねようが、そこに忍耐や努力がないわけではないはずです。**

目的も夢もなくただひたすらに耐え忍ぶのではなく、目的や夢に向かって弛まぬ努力を続けている時、英世の生き様とこの言葉は大きなエールとなることでしょう。

---

› 忍耐というのは集結された根気である。

——フランシス・ベーコン
（英国の哲学者／1561～1626）

› 涙とともにパンを食べたものでなければ、人生の味は分からない。

——ゲーテ
（ドイツの詩人・小説家・劇作家／1749～1832）

Another Story

# 浪費癖がひどい英世に もし恩師がいなかったら……

英世は父親譲りとも呼べる浪費癖がありました。
あったらあっただけ使う癖があり、アメリカへの渡航費として集めたお金を宴会で半分使い果たしてしまうほどです。

正直、呆《あき》れてしまって誰もが見捨ててしまいそうですが、英世の才能に惚《ほ》れ込んでいた血脇先生はそれでも金銭的なサポートを続けてくれました。

ちなみに、英世の本名は野口清作。

なぜ改名したのかというと、当時ベストセラーとなっていた坪内《つぼうち》逍《しよう》遙《よう》の『当世書生気質《かたぎ》』の中に、金遣いの荒い田舎出の医学生「野々口精作」という人物が登場しており、自分がその人物のモデルになったと言われ続けるのを避けたかったからだとか（この小説は英世が9歳の時に本になっているため、名前と人物像がソックリなのは全くの偶然なのですが）。

その後、血脇先生がアメリカにいる英世のもとを訪れた際には英世は大喜びで大恩師を迎え入れ、何日間も案内して回りました。

別れ際に血脇先生は「君が若い頃はいろいろと世話をしてあげたが、今度は大変世話になった。これでお相子だな」と言ったそう。なんと心の広いことか。

まさに血脇先生あってこその野口英世史と言っても過言ではないでしょう。

Story
15

# 夢への一歩を踏み出せない人へ

## ウォルト・ディズニー

**ウォルト・ディズニー**　1901年12月5日 - 1966年12月15日（65歳没）

アメリカ合衆国イリノイ州シカゴ生まれ。「ミッキーマウス」をはじめとする人気キャラクターの数々を生み出し、アニメーション産業の世界的先駆者。アカデミー賞個人最多受賞の記録を持ち、「ディズニーリゾート」などのテーマパークの創立者。

## 夢をかなえる秘訣は、4つの「C」に集約される。それは、「Curiosity ー 好奇心」「Confidence ー 自信」「Courage ー 勇気」そして「Constancy ー 継続」である。

「ミッキーマウス」。

改めて説明する必要もないくらい人気で、彼が生み出したお茶目なネズミのキャラクターは、今や世界中の老若男女が愛するほどの人気ぶり。

そんな大人気キャラクターを生み出したのがウォルター・イライアス・ディズニーです。

その人物像を一言で言い表すならば、**一生を通じて子供のような純真な心を持ち続けた人。**

ここで言う「子供のような」というのは「幼稚な」「未熟な」「未発達な」といった意味ではありません。

---

心に残る関連名言集

› あなたにとっての最も大きな冒険は、あなたの夢に生きること。

――オプラ・ウィンフリー
（アメリカの女優／1954～）

そうではなく、**「自分を、人生を、世界を」ありのままに見つめ、世の中の不思議さから素晴らしさまですべてひっくるめて受け止めるピュアな心の持ち主だったということ。**

そんなウォルト・ディズニーがいったいどのように生きたのか、その生き様をこれから紹介していきます。

1901年12月5日、ウォルトはアメリカ合衆国イリノイ州シカゴで生まれました。

ウォルトが4歳の頃、一家はミズーリ州の小さな町に45エーカーの農園を買って移り住みます。そこは自然豊かな土地で、植物や動物に囲まれて育った幼少期についてウォルトは「楽園のようだった」と振り返っています。

美しく静かな場所でひときわウォルトの心をときめかせていたのが、町を通り過ぎる鉄道列車でした。それ以来ウォルトは、生涯を通じて大の鉄道ファンであり続けました。

---

› 事を成し遂げる秘訣は、ただ一つの事に集中することにある。

——エイブラハム・リンカーン
（アメリカの第16代大統領〔奴隷解放の父〕／1809～1865）

› あなたの夢は何か、あなたが目的とするものは何か、それさえしっかり持っているならば、必ずや道は開かれるだろう。

——マハトマ・ガンジー
（インドの弁護士・政治指導者／1869～1948）

そんなウォルトは子供時代から絵を描くことやアートにとても興味があり、**7歳の時には自分で描いた絵を近所の人に売っていました。**地元の医師がウォルトの描いた絵を初めて買ってくれた人で、25セントのお金を払ってくれたほどです（現時点の価値では約700円程度）。

ウォルトはその後も絵を描き続けており、学校では勉強をしながらも動物や自然などさまざまな絵を描いていました。高校は地元の学校に通いながら、当時はまだ無名だったアカデミー・オブ・ファインアーツ専門学校の夜間部に通い絵を学びました。

その後、ウォルトは漫画家を目指します。初めは新聞に漫画を描く仕事を請け負っていましたが、新米の絵描きへの仕事の依頼は少なく貧乏生活を送っていました。

それを見かねた兄のロイ（のちに共に会社を立ち上げ生涯を共にします）が知人に頼み込み、なんとか弟のウォルトに広告デザインの仕事を紹介しました。

---

› **夢や願望を抱いているだけでは山は動かせない。失敗のリスクをあえて負う信念が必要です。**

——メアリー・ケイ・アッシュ
（アメリカの化粧品会社創業者／1918〜2001）

そのようにしてなんとか食いつないでいたウォルトは、ある映画製作会社にアニメーターとして雇われます。

それ以来、ウォルトはアニメーションの魅力とその可能性に惹《ひ》き込まれていき、自らの手でアニメーション制作会社を立ち上げました。

20歳という若さで立ち上げたこの会社は、最初の頃はうまくいきましたが制作に没頭するあまり資金繰りで行き詰まり倒産してしまいます。

しかしアニメーション制作への情熱が消えることは決してなく、兄ロイと共にハリウッドで「ディズニー・ブラザーズ・カートゥーン・スタジオ」を立ち上げます（のちのウォルト・ディズニー・カンパニー）。

ただし、そこでもトラブルは待ち受けていました。

1927年、ユニバーサル・ピクチャーズ（現ユニバーサル・スタジオ）という映画会社とつながりを得たウォルトは、自社キャラクターとして「オズワルド・ザ・ラッキー・ラビット」を考案します。

---

› その夢を失くして、生きてゆけるかどうかで考えなさい。

——ゲーテ
（ドイツの詩人・小説家・劇作家／1749～1832）

このキャラクターが登場する作品は大ヒットとなりディズニー社の躍進のキッカケとなるのですが、キャラクターの使用権などでトラブルとなり、キャラクターもスタッフの大半も失って再び倒産寸前まで追い込まれてしまいました。

ウォルトはそれでも諦めず再起を図ります。

**オズワルドに代わるような、そしてそれ以上の人気キャラクターを生み出そうと奮闘し、それまでの作品にも登場していた『敵役のネズミ』を主役に大抜《ばっ》擢《てき》します。それこそが今、世界中で愛されるミッキーマウスです。**

ミッキーマウスが登場する代表作品の『蒸気船ウィリー』では映像の動きと音のリズムが一致しており、そのコミカルな演出から瞬く間に大ヒットになります（当時はまだ映像に音声が入り始めたばかりで、映像の内容と音とが一致していることは目新しいことでした）。

その後もウォルトが指揮する画期的なアニメーション製作は続きます。

---

› 人生は恐れなければ、とても素晴らしいものなんだよ。人生に必要なもの。それは勇気と想像力、そして少しのお金だ。

——チャールズ・チャップリン

（英国出身の映画俳優・プロデューサー／1889～1977）

1937年には、世界初のカラー長編アニメーション映画である『白雪姫』が上映されます。

この名作を製作するためには、巨額な資金、4年の歳月、25万枚のセル画が必要とされました（精密な描画で有名なスタジオジブリの作品の『崖の上のポニョ』の17万枚が最多であることからも、現代のような最先端のテクノロジーが不在の当時の製作環境で25万枚という作画数がいかに多いかがわかります）。

前例となるような作品がない中で、その後もウォルトは次々に新しい作品を発表し続けます。

その後の大躍進は、現在、私たちの誰もが知る通りです。

**「Curiosity – 好奇心」「Confidence – 自信」「Courage – 勇気」「Constancy – 継続」。**

これは、ウォルトが夢を叶《かな》えるために必要な4つの「C」として列挙したものです。

---

› まず計画はよく行き届いた適切なものであることが第一。これが確認できたら断固として実行する。ちょっとした嫌気のために、実行の決意を投げ棄ててはならない。

――ウィリアム・シェイクスピア
（英国の劇作家・詩人／1564～1616）

ウォルトは、アニメーションによって止まった絵に命を吹き込むことの楽しさに惚《ほ》れ、より新しく斬新な手法を求め、尽きることのない好奇心を持っていました。

そして自分のアイデアと表現力に自信がありました。

しかし、それだけでは数々の困難を前に途中で立ち止まってしまっていたことでしょう。

困難を前にしても、また挫折に見舞われたとしても、勇気を出して一歩を踏み出しました。

ただ、それでもまだ足りないわけです。

**「好奇心（Curiosity）」を持って「自信（Confidence）」を培い、「勇気（Courage）」を出して前進する。そしてその歩みを「継続（Constancy）」することによって夢は叶えられるのだと言います。**

まさにその通りに生き、大きな夢を成し遂げたウォルトが残した言葉だから

---

> 夢なき者は理想なし。理想なき者は信念なし。信念なき者は計画なし。計画なき者は実行なし。実行なき者は成果なし。成果なき者は幸福なし。ゆえに幸福を求むる者は夢なかるべからず。

——渋沢栄一
（日本の官僚・実業家・日本資本主義の父／1840～1931）

こそ、大きな説得力を持って響いてきます。

## 失敗したからって何なのだ？
## 失敗から学びを得て、
## また挑戦すればいいじゃないか。

夢はあるけれども、心配事や不安事などいろいろと考えることがあって一歩を踏み出せない、もしくは歩み続けられないという方は多いかと思います。

現代社会では、良くも悪くも情報は豊富にあります。勇気づけられるような情報もあれば、将来を不安にさせるような情報もあります。

また、手放しに挑戦できるような社会でもないというのが実情かもしれません。

そのため、夢を心に抱いたとしても、その夢に向かって突き進むというのは言うのは簡単でも実際に行うのは難しいものです。

---

› 失敗は、それを認める勇気さえあれば、いつでも許されるものだ。

——ブルース・リー
（中国の武術家・俳優／1940～1973）

› とにかく、考えてみることである。工夫してみることである。そして、やってみることである。失敗すればやり直せばいい。

——松下幸之助
（日本の実業家・パナソニック創業者／1894～1989）

**ただ、心に抱く夢というのは抱いているだけでは夢のままです。何かしらのアクションを起こしていかないことには状況は変わりません。**

そんな時、私たちの気持ちを勇気づけてくれるのはノウハウなどの知識ではなく、「心の持ち方」を教えてくれ、そんな気持ちにさせてくれる言葉です。

夢に向かって進む時、大きな力になってくれるような言葉をウォルトは多く残しています。

[6]「失敗したからって何なのだ？　失敗から学びを得て、また挑戦すればいいじゃないか」

[6]「やってみないうちから諦めるのかい？　私たちは高い目標を持っているからこそ、これほど多くのことをやり遂げられるんだ」

[6]「新しいプロジェクトを一度やると決めたら、とことん信じ込むんだ。うまくやる能力があると信じるんだ。そして、これ以上は出来ないという最高の仕事をするんだ」

---

› 失敗の最たるものは、失敗したことを自覚しないことである。

――トーマス・カーライル
（英国の思想家・歴史家／1795～1881）

› 人生での経験とはそれをバネにして成長するための教訓なの。だから、ほんとうにひどい出来事なんてないわ。

――スザンヌ・サマーズ
（アメリカの女優・作家／1946～）

どんなに悪い大人でも、
純真さをすべてなくしたわけじゃない。
それはおそらく、
心の奥深くに埋もれてしまっているのだろう。
私はこの仕事を通して、
そんな素直さに手を差し伸ばし、語りかけてみたい。
生きる喜びと楽しさを伝えてあげたい。
ときに自らバカなことをしてしまうものだけど、
それでも人という生き物は、
夢を追い続けられるのだと教えてあげたい。

いったいどうしてウォルトは夢を追い続けることができたのでしょうか。

**それはおそらく「子供」の自分を忘れなかったからではないでしょうか。**

› 夢を見るから、人生は輝く。

——ヴォルフガング・アマデウス・モーツァルト
（オーストリアの作曲家・演奏家／1756～1791）

› おとなは、だれも、はじめは子供だった。しかし、そのことを忘れずにいるおとなは、いくらもいない。

——アントワーヌ・ド・サン＝テグジュペリ
（フランスの作家／1900～1944）

私たちは大人になるにつれていろいろなことを学び、成長します。

成長というのは拡大のみならず縮小も同時に起きるものです。

大人になるにつれて、社会の中に調和して生きる術《すべ》を学びます。物事を効率良く行う方法を学んでいきます。

多くの人と出会い、多くの知識を吸収し、いろいろな成功パターン、失敗パターンを学びます。

気づいた時には大人になっていて、社会を知らなかった、効率を知らなかった、人を知らなかった、知識を知らなかった、パターンを知らなかった時の「子供」を忘れているのです。

無限に広がっていたはずの自分の可能性は細く感じます。

できる限り遠くを眺めてみても、せいぜい2～3個くらいにしか枝分かれしていないように見えます。

ただ、それは決して悪いことではありません。

---

› 素直な心とは、何物にもとらわれることなく物事の真実を見る心。だから素直な心になれば、物事の実相に従って、何が正しいか、何をなすべきかということを、正しく把握できるようになる。つまり素直な心は、人を強く正しく聡明にしてくれるのである。

――松下幸之助
（日本の実業家・パナソニック創業者／1894～1989）

道が細く狭まってくるからこそ、すべきことがはっきりして大きなことを成し遂げることができるとも言えるからです。

**しかし、もし自分が心に抱く夢が、今、自分の目の前に広がる細い道からは外れているように感じるのなら、期間限定で「子供」の心を取り戻し、濁りのない純真な眼差しで自分の将来を眺めてみるとよいのではないでしょうか。**

そして、そのようにウォルトは伝えているのです。

「ディズニーランドは子どものためだけに作られたものじゃない。いつから人は子供ではなくなってしまうんだ？　大人のなかにある子どもが消え失せてしまうと、どうして言い切れるんだい。」[15]

このようにもウォルトは言い残しています。

前進することやそれを継続することに勇気を出せない時、自分の中の「子供の心」を呼び起こし、曇りのない眼でもって自分の将来の展望を再構築すれば

---

› 子どもは誰でも芸術家だ。問題は大人になっても、芸術家でいられるかどうかだ。

——パブロ・ピカソ
（スペイン生まれの芸術家／1881〜1973）

いいじゃないかと、ウォルトは私たちに伝えてくれています。

**夢を求め続ける勇気さえあれば、すべての夢は必ず実現できる。いつだって忘れないでほしい。すべて一匹のねずみから始まったということを。**

ウォルト・ディズニーは子供心を忘れずに、大人になってからも夢を追い求め続けた人でした。

夢があったとしても、それが確実ではないことや世間の目などを気にして勇気が出ない時、ウォルトの生き様と言葉からは多大なエールをもらえます。

絵を描いて生きていくと言った時。
長編のアニメーションを作り上げると言った時。
広大な敷地にテーマパークを創り上げると言った時。

---

› やったことは、例え失敗しても、20年後には、笑い話にできる。しかし、やらなかったことは、20年後には、後悔するだけだ。

——マーク・トウェイン
（アメリカの作家／1835〜1910）

› 人間にとって成功とはいったいなんだろう。結局のところ、自分の夢に向かって自分がどれだけ挑んだか、努力したかどうか、ではないだろうか。

——岡本太郎
（日本の芸術家／1911〜1996）

**「大人」に言わせてみれば、それは単なる夢物語でした。**

しかし、「子供」に言わせてみれば、それは実現しうる将来の姿でした。

ウォルトは自分の中の「子供心」を上手に扱うことができたのでした。

そして私たちは、誰であっても子供のような無限の可能性を思い描ける力があるのだとウォルトは思っています。

「夢を求め続ける勇気さえあれば、すべての夢は必ず実現できる。いつだって忘れないでほしい。すべて一匹のねずみから始まったということを」⑥

まさにその通りなのかもしれません。

---

› 疑わずに最初の一段を登りなさい。階段のすべてが見えなくてもいい。とにかく最初の一歩を踏み出すのです。

――キング牧師
（アメリカの公民権運動の指導者〔ノーベル平和賞受賞〕／1929～1968）

› 勇気は最も大切な美徳です。もし勇気がなければ、他の美徳を堅実に実践することができません。

――マヤ・アンジェロウ
（アメリカの詩人・作家・公民権運動家／1928～2014）

Another Story

# 家の中に蒸気機関車を走らせる!? 子供心は時に恐ろしい

大の機関車好きだったウォルト。常人には思いつきもしない、ましてや仮に思いついたとしても決して実行しないようなことをしてしまいます。

それは、家の中で蒸気機関車を走らせてしまうということ。

と言ってもミニチュアサイズの機関車です。

ただ、ミニチュアと言っても子供のおもちゃのようなサイズではなく、大人の人間がそれに乗っても動く程度には大きさのあるサイズ。

一緒に住んでいる妻にとっては邪魔以外の何物でもありません。

そして何が最悪かって、ウォルトは家の中にレールを敷いて、そのミニチュアの機関車を実際に走らせてしまうのです。

自宅に創設した鉄道会社の名前は「キャロルウッド・パシフィック鉄道」。機関車の名前は、妻リリアンにちなんで「リリー・ベル号」。
そんなので妻のご機嫌でも取ったつもりなのか。

自宅を走る蒸気機関車「リリー・ベル号」と、その小さな機関車にお行儀良く座って走る満面の笑みのウォルト。

小さい頃から大好きだった機関車です。子供心を忘れず、大人になっても夢いっぱいのウォルトなのでした。

Story
16

# 生きる意味がわからない人へ

# チャールズ・チャップリン

**チャールズ・チャップリン**　1889年4月16日 - 1997年12月25日（88歳没）

イギリス出身の映画俳優で監督、脚本、作曲まで手がける。代表作は『キッド』『モダン・タイムス』『独裁者』など多数。1972年に第44回アカデミー賞で「今世紀が生んだ芸術である映画の製作における計り知れない功績」により名誉賞を受賞した。

## あなたが本当に笑うためには、あなたの痛みをとって、それで遊べるようにならなければなりません。

急速な産業化と2つの世界大戦という時代に生まれたチャップリン。まだ映画に音声がないサイレント映画の時代に活躍したコメディアンです。

小さなジャケットに、だぶだぶのズボン。ぶかぶかの靴、大きな帽子にちょび髭《ひげ》とステッキ。

そんなちぐはぐな組み合わせの衣装が特徴的な「小さな放浪者」のキャラクターはあまりにも有名で、仮装大会を開くと10人中9人はチャップリンのモノマネをするほどの人気ぶりでした。

俳優としてのキャリアは70年と長く、最終的には映画製作会社を自分で設立します。脚本から演出、監督、編集まですべてを手がけ世界的なヒット作を次々と生み出すなど、映画史の中で最も重要な人物の1人として数えられていま

心に残る関連名言集

› 苦労こそ人生の真の姿である。われわれの最後の歓びと慰めは、苦労した過去の追憶に他ならない。

——アルフレッド・ド・ミュッセ
(フランスの作家／1810～1857)

す。

一方で、**世界中の人に愛と笑いを届けたチャップリンでしたがその人生は波乱に満ちていました。**特にチャップリンの子供時代は貧困から抜け出せず、家庭環境も悲惨なものでした。

チャップリン（本名：サー・チャールズ・スペンサー・チャップリン）は１８８９年にイギリスで生まれます。両親はともに舞台に立つ芸人。父は人気歌手でしたが、母はいまいち人気の出ない女優でした。

しかし家庭環境は決して落ち着いたものではなく、父は酒乱で生活は荒れ、チャップリンが２歳の時にはすでに別居生活が始まっていました。

チャップリンは異父兄弟のシドニー（のちにチャップリンの専属マネジャーとして人生を共にする）と母のもとで暮らします。しかし母は心身ともに体調を崩しがちで、６歳の時には３人で「救貧院」という貧しい人が暮らす施設に収容されます。

---

› **我々の苦悩は、とことんまで経験することによってのみ癒される。**

——マルセル・プルースト
（フランスの作家／1871～1922）

› **自分のことを笑えるようになるまでは、決して幸せにはなれない。**

——ドロシー・ディックス
（アメリカのジャーナリスト／1861～1951）

救貧院の環境は劣悪で、親子といえども一緒に過ごすことはできません。チャップリンは、まともな教育を受けることもできませんでした。

救貧院は決して長居したくなるような場所ではないので、一家で退所を試み、屋根裏部屋を転々とする生活を送る時期もありました。

しかし洋裁や看護で小銭を稼ぐことくらいしかできない母は子供を育てることができず、救貧院にまたすぐ収容されるということを繰り返しました。

そんな中、母は栄養失調と梅毒を原因とする精神病を発症し、精神病院に収容されてしまいます。そのため、チャップリンとシドニーは一時的に実父のもとに帰ります。

そこでもまた悲惨な生活が続きます。

父はその時すでに重度のアルコール依存症に陥っており、そこでの生活は児童虐待防止協会が訪問しに来るほど最悪のものだったようです。

---

› すべての困難は、あなたへの贈り物を両手に抱えている。

——リチャード・バック

（アメリカの作家〔『かもめのジョナサン』作者〕／1936～）

› 私が人生を諦めて、自分一個の幸不幸などはどうでもよいと悟って以来、少なくとも人生は、私にやさしくしてくれるようになった。

——ヘルマン・ヘッセ

（ドイツの小説家・詩人〔ノーベル文学賞受賞〕／1877～1962）

しばらくすると母も落ち着きを取り戻したので、チャップリンはシドニーとともに母のもとに戻ります。

しかし、貧困であることに変わりはありません。そのためチャップリンはまだ10歳に満たない時期から家計を支えるために床屋、印刷工、ガラス職人、新聞の売り子などさまざまな職を転々としていました。

当時のチャップリンはすでに舞台に立っており、所属する劇団の巡業先の学校を転々としていましたが、学業は13歳までには断念していたようです。

そのように**チャップリンの子供時代は貧困から抜け出すことができず相当困難な生活を余儀なくされていたのです。**

しかし、両親ともに芸人でいつも近くで見ていたことや、初舞台は5歳の時とかなり早かったため、舞台での芸の実力はメキメキと伸びます。

チャップリンは俳優になるという夢を抱きながら数々の劇団を転々とし、ついに数少ないチャンスをものにして人気俳優の道をひたすら突き進むようにな

---

› 顔をいつも太陽のほうにむけていて。
影なんて見ていることはないわ。

——ヘレン・ケラー
（アメリカの教育家・社会福祉活動家／1880～1968）

るのです。

最終的にはハッピーエンドとも呼べるチャップリンの人生ですが、すでに振り返ってきたようにその子供時代は悲惨でした。

「あなたが本当に笑うためには、あなたの痛みをとって、それで遊べるようにならなければなりません」

世界中の人を自分の芸一つで笑わせ、元気を与えてきたチャップリン。

チャップリンはそんな苦しい過去をも創作のアイデアに変え、自分の原動力に変化させてきました。

**チャップリンが生み出した「小さな放浪者」というキャラクターは、まさにそんな悲しい過去をユーモアを持って具現化した存在であると言えます。**

「小さな放浪者」は貧しくても紳士としての上品さを失いません。みすぼらしい見た目ですが、振る舞いだけは一丁前の紳士でお金持ちや権力者をからかいます。

---

› **なにか悲しいこと、辛いこと、そのほか消極的な出来事があったら、努めて「笑う」ようにしてごらん。どうだい、これならあなた方でもできるだろう？**

**——中村天風**
（日本の思想家／1876～1968）

「小さな放浪者」の人物像は作品を通して変遷していきますが、最終的には**「貧しく弱く決して立派ではないけれども、優しい心を持っていて弱い者のために戦い、そしてヒロインに恋をする」**そんなキャラクターです。

まさに自分の過去の痛みを取って切り離して、そこにユーモアのセンスを付け加えて生み出されたようなキャラクターでした。

**悲しみは悲しいからこそ笑って吹き飛ばしてしまえばいい。**
**辛さは辛いからこそ笑って吹き飛ばしてしまえばいい。**

悲しいこと。辛いこと。ネガティブをポジティブに捉え直すということは、言うのは簡単でも実際に行うのは難しいものです。

だからこそ、悲しみは悲しみのまま、辛さは辛さのまま、ポジティブに捉えるなんて難しいことはしなくていいから、とにかく笑って吹き飛ばしてしまえとチャップリンは伝えたいのです。

---

› **自分の人生を完璧主義で生きようと思うことをやめた。そのかわりに、自分の人生を面白くすることに決めたんだ。**

——ドリュー・ヒューストン
(アメリカのIT起業家/1983〜)

## 下を向いていたら、虹を見つけることはできないよ

チャップリンの子供時代と同じ境遇にいたのなら、それはもう下を向いてうずくまってしまいそうです。

貧困の中から抜け出せず、頑張っても頑張っても困難が続く毎日。

**それでもチャップリンは、下を向かずに上を向いていました。**

それは、チャップリンには俳優になりたいという確固たる夢があったからです。

人気俳優への道を駆け上っていく中では、多くの困難が待ち受けていたことでしょう。

それでもチャップリンは困難を前にしてもうつむかず、真っ直ぐ前を見ていました。

---

› いいですか いくらのろくてもかまいませんよ たいせつなことはね いつでも前をむいて 自分の足で 自分の道を歩くことですよ

——相田みつを
(日本の詩人・書家／1924～1991)

› うつむいてはいけない。いつも頭を高くあげていなさい。世の中を真っ正面から見つめなさい。

——ヘレン・ケラー
(アメリカの教育家・社会福祉活動家／1880～1968)

不安や心配を胸に抱いていると、現実を見るのが恐ろしく、思わず目を背けてしまいます。

それは現代を生きる私たちにも共通することです。

もちろん下を向いたっていいと思います。上を見続けるとそれはそれで疲れます。

ただ、チャップリンが言い残すように、**下を向いてばかりでは目の前に広がっている美しい景色に気づけないかもしれません。**

たとえ、自分の悲しみの中に入り込んでしまい、失意のど真ん中にいたとしてもいいのです。

ただそんな中でも、チャップリンのように顔だけは上を向いていれば、何かをきっかけに失意のど真ん中から抜け出せる時が必ず来ます。

---

› 完璧主義を守っていると、仕事のキリを最後の最後まで引き延ばし、挙げ句の果てに、自分はまだ最善の努力を尽くしていないのでは、という不安で、正常な判断力まで麻痺《まひ》してしまう。

——エレン・スー・スターン
（アメリカのカウンセラー／1954〜）

› 止まりさえしなければ、どんなにゆっくりでも進めばよい。

——孔子
（中国の思想家・儒家の始祖／紀元前551〜紀元前479）

# 私の最高傑作は次回作だ。

チャップリンは極度の完璧主義者で知られています。

最終的には自分で映画製作会社を立ち上げ、予算決めから脚本作り、演技から監督業まですべて自分自身で関わりました。

チャップリンには確固たる理想のイメージがあり、最高の作品を作り上げたいという執念があったのです。

その完璧主義ぶりときたら「チャップリンにとって『完璧以外に正しいものはない』」と周りに言い残されるほどのものでした。

チャップリンは満足のいく出来上がりになるまで同じシーンを何度も何度も撮り直しました。

また、出来上がった後も、出来栄えに違和感を覚えると容赦なくシーンをカットすることが多々ありました。

---

› 今までに作品が失敗したことは何度もあった。連載を打ち切られたり、企画が中止になったり、没になったりして、がっくりして気の抜けたことは無数にあった。しかし、「俺の仕事は正しい。出版社が間違っているんだ。読者がわからないのだ」と勝手に解釈し、「次の作品を見ていろよ」と意地をはって新しい仕事にかぶりついた。自分の描くものには絶対自信があったのだ。いつも、次の作品、次の仕事こそ、と信じ続けた。

――手塚治虫
（日本の漫画家／1928～1989）

チャップリンの死後、膨大な量のNGフィルムが見つかります。その数はなんと400巻にのぼり、時間にしては100時間。それほどまでに完璧を追求していたのです。

しかし、チャップリンはあまりに完璧を求めすぎたばかりに神経衰弱に陥ってしまっていたと後年に振り返っています。

完璧を求めいつまでも修正を加えていたため、いつまでも完成しないというジレンマに悩まされていたのでしょう。

「私の最高傑作は次回作だ」

この言葉はチャップリンの飽くなき向上心を物語っている言葉とも言えます。

一方で、「次回作こそが最高傑作なのだから、今作はそろそろ完成と言っていいのではないか」というように、完璧主義すぎて前に進めなくなった自分を

---

› 私たちのように未完成な人間に、何もかも完璧にこなせるわけがない。私たちにできるのは、その時その時の妥協点を探ることである。

——マハトマ・ガンジー
（インドの弁護士・政治指導者／1869〜1948）

› 完璧主義はしばしば先延ばしの言い訳で、いずれにしても、ユーザーの最初のモデルは、たとえそのユーザーの1人があなたであっても、常に不正確である。

——ポール・グレアム
（アメリカのプログラマー／1964〜）

説得している言葉のようにも捉えられます。

**「100点満点を絶対に取らなければいけない」と自分を追い込んで逆に全く前に進めなくなるくらいなら、「自分の最高傑作は次回作だ！」と思って、少しでも前に進む方がいいとチャップリンは思っていたのかもしれません。**

真面目で責任感が強い人ほど、チャップリンと同じように完璧主義のジレンマに陥り、行き詰まってしまうという人は多いと思います。

そんな時こそ、このチャップリンの言葉は私たちの肩の荷を軽くしてくれます。気持ちを楽に、そして前向きにしてくれます。

## 何のために意味なんか求めるんだ？
## 人生は願望だ、意味じゃない。

第一次世界大戦、第二次世界大戦と2つの大戦の時代を生きたチャップリン。

> 幸福は自己満足によってではなく、価値ある目標に忠実であることによって得られる。
>
> ――ヘレン・ケラー
> （アメリカの教育家・社会福祉活動家／1880～1968）

**人生に意味を求めることは難しかった時代かもしれません。**

チャップリンは作品『殺人狂時代』の連続殺人犯の主人公が処刑されるシーンで、こんな台詞《せりふ》を吐き出させています。

「僕は5人しか殺していないのに死刑になるなんて。戦争では何百人も殺したものが英雄なのに」

政治的姿勢を自分の作品に含ませるなどして賛否両論を生むことの多かったチャップリンの映画ですが、その背景にはチャップリン自身の人生観があったことでしょう。

他にもチャップリンは作品『モダン・タイムス』で、急速な産業化が進む社会の中で時間に追われ機械に管理されているがごとくの現代を遠回しに非難しました。

**戦勝国になるだとかお金持ちになるだとか、そうした「意味」ばかりを求め**

› 人間は充実を求めているのであって、幸福を求めているのではない。

——アントワーヌ・ド・サン=テグジュペリ
（フランスの作家／1900～1944）

› 生きることの意味と価値について問いかけるようになると、我々は狂ってしまう。なにしろ意味も価値も客観的に実在するものではないのだから。

——ジークムント・フロイト
（オーストリアの精神科医／1856～1939）

**ていても結局何のためになるのだと。**

大切なのはそうした表面的な「意味」を超えた先にある「願望」なのではないか。

人類は、殺し合いをしてまで勝ち負けを決めたいのか？　それが願望なのか？

私たちは、時間に追われて日々の幸せを犠牲にしたいのか？　それが願望なのか？

そのように問うていたのかもしれません。

私たち現代人は、何をするにしても意味を求めがちです。しかし、することなすことに対していちいち意味を求めたところで、それは虚しいだけかもしれません。

自分の根本にある願いはいったい何なのか。それは身近にあるものかもしれませんし、はたまた向いている先とは真逆にあるものかもしれません。

---

› あらゆる事物は価値を持っているが、人間は尊厳を有している。人間は決して目的のための手段にされてはならない。

——カント

（ドイツの哲学者／1724～1804）

二度の世界大戦の中、善悪の基準が混沌《こんとん》とした時代を経てきたチャップリンの言葉は、この現代社会にも大いに当てはまることがあるでしょう。

それと同時に、この言葉は「意味」を求めて疲れ果ててしまった人の心を軽くしてくれるのではないでしょうか。

---

› 幸せが何から成っているのか探し続けている人は、決して幸せになれない。人生の意味を見出そうとしている人は、決して生きているとはいえない。

——アルベール・カミュ

（フランスの小説家〔ノーベル文学賞受賞〕/ 1913〜1960）

Another Story

# 真面目さ・几帳面さに惹かれて日本大好き人間に

実は、人気絶頂期のチャップリン専属の運転手は日本人の高野《こうの》虎市《とらいち》でした。

高野氏の誠実な仕事ぶりと几《き》帳面《ちょうめん》な性格に惚《ほ》れ込んだチャップリンは運転手だけでなく経理や秘書も任せます。

チャップリンにとって高野氏は初めての日本人の知り合いでしたが、どうやら高野氏ではなくても日本人は真面目で几帳面な傾向にあるのではないかと思います。

その結果、気づいた時にはチャップリンの家の使用人は全員日本人！

妻のリタ・グレイは「日本人の中で暮らしているようだ」と回顧しています。

そんなチャップリン。もちろん日本という国も大好き。生涯で4回来日します。

チャップリンに「日本に来たら何をしたい？」と聞いたら、きっとこう答えます。

「天ぷら食べたい！」

そう。チャップリンは日本の天ぷらが大好きで、一度にエビの天ぷらを30本も平らげてしまいます。その結果つけられたあだ名が「天ぷら男」。

「喜劇王」の異名を持つチャップリンの生まれ変わりが現世にいるとするならば、きっと日本で天ぷら屋を経営していることでしょう。

Story
17

# やりたいことが見つからない人へ

# 手塚治虫

**手塚治虫**（てづか・おさむ）　1928年11月3日 - 1989年2月9日（60歳没）

戦後日本を代表する漫画家、アニメーション作家。日本の漫画界を先導し「マンガの神様」と呼ばれる。生涯のほとんどを漫画とアニメ作りに捧げる。『鉄腕アトム』『ジャングル大帝』『リボンの騎士』をはじめとするヒット作を次々と手がけた。

## 僕の体験から言えることは、好きなことで、絶対にあきないものをひとつ、続けて欲しいということです。

手塚治虫（本名：手塚治〈読み方は同じ〉）は戦後の日本を代表する日本漫画・アニメ界の巨匠です。

『鉄腕アトム』『ジャングル大帝』『リボンの騎士』『ブラックジャック』『三つ目がとおる』など、その作品について名前だけでも知っているという方はかなり多いのではないでしょうか。

１９８９年に60歳という年齢でその生涯を終えた手塚治虫ですが、生前残した作品の数々は２０２１年の今なお色褪《いろあ》せることなく漫画界・アニメ界の教科書として君臨し続けています。

そんな手塚治虫は１９２８年11月３日、今の大阪府豊中市にて裕福な家庭に長男として生まれます（のちに弟と妹が生まれる）。

---

心に残る関連名言集

› 好きなこと、没頭できるものをどれだけたくさんもっているか。それが多ければ多いほど、人生は好きなことに満ち、たくさん楽しめる。たくさん楽しんだ人ほど、豊かな人生を送ったといえるだろう。

――斎藤茂太
（日本の精神科医・随筆家／1916～2006）

当時はまだ本の値段が高かったにもかかわらず、家にはたくさんの本があり、また父親が集めた漫画もたくさんありました。

それだけではなく、家にはカメラや映写機（フィルムをスクリーン上に拡大して映し出す機械）もあり、治虫は映画やアニメーションも楽しむことができました。

そのような家庭環境もあり、治虫は子供時代から漫画を描くのが得意で、また将来はアニメーション作家になりたいという夢を持っていたのでした。

そんな治虫ですが、**実は小学校2年生の時にいじめを受けています。**

母が東京出身だったこともあり、関西弁を話せずクラスの中で浮いた存在だった治虫は「ガチャボイ」というあだ名をつけられ、周りからからかわれていました。

**クラスの人からからかわれて笑われるたびに、治虫は泣いていたようです。**

---

› 君の好きなことを見つけ、それをするんだよ。好きなことをしないなんて、人生の浪費だよ。

――ビリー・ジョエル
（アメリカのシンガーソングライター／1949～）

› 人生に成功する秘訣は、自分が好む仕事をすることではなく、自分のやっている仕事を好きになることである。

――ゲーテ
（ドイツの詩人・小説家・劇作家／1749～1832）

しかし、そんな治虫は漫画に救われます。

というのも、治虫はすでに自作の漫画を執筆し始めており、小学校3年生の時に人生初の漫画『ピンピン生チャン』を完成させて学校で発表するとたちまち話題に。

**それまで治虫をいじめていたクラスの子供たちも、治虫が描く漫画の続きを楽しみにするようになり友達がどんどん増えていくのでした。**

その後も漫画を描き続け、小学校5年生の時には長編漫画『支那《しな》の夜』を完成。

この作品は、子供だけでなく先生の間でも話題になり、治虫が学校で漫画を描くことを黙認されるようになるほどでした。

そのように治虫の人生は子供時代から漫画家というキャリアが始まっていたようなものですが、実はそう見えて大学では医学部に通い、医師免許も取得しています。

---

› 一日生きることは、一歩進むことでありたい。

——湯川秀樹
（日本の理論物理学者〔ノーベル物理学賞受賞〕/ 1907～1981）

› 私は、それほど賢くはありません。ただ、人より長く一つのことと付き合ってきただけなのです。

——アルベルト・アインシュタイン
（ドイツ出身の理論物理学者〔ノーベル物理学賞受賞〕/ 1879～1955）

驚きなのは、『鉄腕アトム』や『ジャングル大帝』の雑誌連載を手掛けながら医師国家試験に合格していることです。

**医学生と駆け出しの漫画家、そんな二足の草鞋《わらじ》を履いていた治虫を悩ませたのは、医者になるべきか漫画家になるべきかという二択でした。**

しかし、治虫は漫画家という道を選びました。

母親からの「自分の好きな道を歩みなさい」という後押し。

そして教授から、医者よりも漫画家になるべきだという忠告もあり、漫画家というキャリアの選択を決断したのです（治虫は授業中も漫画ばかりを描いていたため、教授から「手塚君、君は、このまま医者を続けても、ろくな医者にはなれん。必ず患者を5、6人は殺すだろう。世の中のためにならんから医者を諦めて漫画家になりたまえ」と言われています）。

当時はまだまだ漫画もアニメも黎明期。

医者という道を捨ててまで漫画家という道を選びとることには相当な決断があったことがうかがえます。

› 心の底からやりたいと思わないなら、やめておけ。

——アーネスト・ヘミングウェイ
（アメリカの小説家〔ノーベル文学賞受賞〕/1899～1961）

› 成功は幸せの鍵ではない。幸せが成功の鍵だ。もし自分のしていることが大好きなら、あなたは成功する。

——アルベルト・シュヴァイツァー
（ドイツ出身の哲学者・医者〔ノーベル平和賞受賞〕/1875～1965）

今でこそ「巨匠」手塚治虫の華々しい実績は疑いようのないものですが、そこに至るまでには締め切り地獄の毎日、会社の倒産、世間からの厳しい評価など、決して楽な道ではありませんでした。

しかし、治虫は決して漫画家という道を諦めることなく歩み続けたのでした。

「僕の体験から言えることは、好きなことで、絶対にあきないものをひとつ、続けて欲しいということです」[16]

**治虫にとって、好きなことで絶対に諦めないこと、というのは漫画を描き続けることでした。**

もし自分にとって好きなことがあるのなら、それをひたむきに続けてみてはどうかと、手塚治虫の言葉はその生き様を通して私たちに語りかけてきます。

---

**› すばらしい仕事をする唯一の方法は、自分のやっていることを好きになることだ。まだそれを見つけていないのなら、探し続けなければいけない。安住してはいけない。心の問題のすべてがそうであるように、答えを見つけたときには、自然とわかるはずだ。**

——スティーブ・ジョブズ
（アメリカの実業家・アップル創業者／1955～2011）

## 好奇心というのは道草でもあるわけです。確かに時間の無駄ですが、必ず自分の糧になる。

ただ、自分にとって好きなこと、そして絶対に諦めないという気概を持てることがあるのは、ある意味で幸せなことかもしれません。

私たちが将来について漠然と悩んでしまうのは、そのような好きなことがわからないという面にも要因があるかもしれないからです。

そんな時は**自分の中に潜む「好奇心」のありかに敏感になってみるといい**と手塚治虫は言います。

実際、手塚治虫という人物を一言で言い表すならばそれは「好奇心の人」です。

治虫の好奇心の対象は大変広く、幼少期の頃は昆虫採集、また同級生の影響もあり、科学や天文学にも興味がありました。

---

› 人生の目的には、レジャー、幸福、知識の蓄積の三つがある。レジャーは幸福と知識の蓄積を得るための必要条件で、人生の究極の目的の一つである。

——アリストテレス
（古代ギリシアの哲学者／紀元前384～紀元前322）

› 目隠しした馬の様に範囲の限定された目的は、必ずその持ち主の視野を狭くする。

——ロバート・フロスト
（アメリカの詩人／1874～1963）

駆け出しの漫画家として締め切りに追われながらも医学の勉強を同時進行できたのも、学問への好奇心あってのことでしょう。

そうした治虫の多様に広がる好奇心は、もちろん作品にも活きてくることになります。

見方を変えるならば、**縦横無尽に広がる治虫の好奇心を満たすために、多様なストーリーを描く「漫画家」という手段がとられた**とも言えるでしょう。

ただ、好奇心というのは実は制御するのが難しいものでもあります。

日々のスケジュールに追われ道草などしている暇はないという人の方が非常に多いことでしょう。

興味関心のあることが目の前にあったとしても時間がないことを理由に、その場を後にしてしまうということは日常茶飯事かもしれません。

しかし、好奇心というのは「好きで一生諦めずに続けたいと思えること」を

---

› 気まぐれでも、何でもかまわない。ふと惹かれるものがあったら、計画性を考えないで、パッと、何でもいいから、そのときやりたいことに手を出してみるといい。不思議なもので、自分が求めているときには、それにこたえくれるものが自然にわかるものだ。

——岡本太郎（日本の芸術家／1911 ~ 1996）

› 幸福の秘訣はこういうことだ。あなたの興味をできるかぎり幅広くせよ。そして、あなたの興味を惹く人や物に対する反応を敵意あるものではなく、できるかぎり友好的なものにせよ。

——バートランド・ラッセル
（英国の哲学者〔ノーベル文学賞受賞〕／1872~1970）

見つけるための手がかりになることです。

自分の中に潜む好奇心のありかに敏感になり、心の内からの訴えに寛容になってみてはどうかと治虫は言います。

日々の多忙に忙殺されるのではなく、**一見時間の無駄に思えるようなことであったとしても、もしかしたらそこに人生のヒントが隠れているかもしれないのだから、選《え》り好みせず道草を食ってみてはどうかと。**

治虫のこの言葉は、少しの時間も無駄にしてはいけないと思ってしまいがちな私たち肩の荷を少し軽くしてくれます。

## 僕には劣等感からくる怯えがいろいろあるんです

実は手塚治虫には強烈な劣等感がありました。

---

› 好奇心はいつだって、新しい道を教えてくれる。

——ウォルト・ディズニー
（アメリカのアニメーター・実業家／1901～1966）

› 人生は道路のようなものだ。一番の近道は、大抵一番悪い道だ。

——フランシス・ベーコン
（アイルランド出身の画家／1909～1992）

その原体験は子供時代のいじめにもあると言えますが、**戦後間もない頃、酔っ払いのアメリカ兵に理由もわからず唐突に殴られ、その理不尽ぶりと無力感に強いショックを受けた**と治虫は回顧しています。

しかし、治虫はそうした劣等感を漫画という形で昇華させていました。

「[16]コンプレックスに居場所を与えてやろうとがんばったのがマンガの原動力だという気がしています」

手塚治虫の作品では、天使と悪魔の二面性であったり、異民族間・異文化間の対立と抗争とがテーマとして頻繁に取り上げられています。

こうした、自身の劣等感に対する治虫の姿勢は私たちにとって非常に参考になります。

劣等感というのは、一度感じてしまったらなかなか払拭《ふっしょく》することが難しいものです。

---

› 劣等感を言い訳にして人生から逃げ出す弱虫は多い。しかし、劣等感をバネに偉業を成し遂げた者も数知れない。

——アルフレッド・アドラー
（オーストリアの精神科医／1870～1937）

劣等感に対して巧妙な捉え直しを試みたところで、事あるごとに劣等感が再燃してしまうということはよくあります。

では治虫はいったいどうしたのかというと、**自分の劣等感を押し殺そうとしたのではなく、むしろオリジナルな創造性につなげました。**

本書の副題は「ありのままの私を大切にした偉人の話」ですが、**まさに治虫は劣等感を抱いている自分をも「ありのままの自分の姿」として受け入れ、そして創造性につなげるという形で大切にしていました。**

もちろん、それは簡単なことではないでしょうし、作家という職業的な相性もあったことかと思います。

ただ、今自分が抱えている劣等感をはじめとするネガティブな感情は、何か別の形に変えることによって迂回《うかい》的に乗り越えることができるのだと治虫は言っているのです。

---

› 自信と劣等感とは、矛盾したパワー、エネルギーです。しかし、この両方を一人の心の中にバランスよく持ち続けていくということは、漫画のみならず、作品を描く人間にとって、とても大切なことだと思うのです。

——藤子・F・不二雄
（日本の漫画家／1933〜1996）

## なにか謎があってその謎を調べないと気が済まないという気持ち、この好奇心を持ち続けている限り人間は生きがいを感じるのでは無いか

手塚治虫は「好奇心の人」でした。

世の中への、そして創作への好奇心こそが手塚治虫に数々の名作品を生み出す原動力を与えていたと言えるのです。

そんな手塚治虫の生き方からは、ふとした好奇心の大切さが学べます。

**日々の生活に追われていると、毎日の忙しさの中に埋もれてしまい、自分の内面と対話する時間など持つ暇がないかもしれません。**

その忙しさというのが自分にとって楽しいものであるのなら、それは幸運なことでしょう。

---

› 大切なのは、疑問を持ち続けることだ。神聖な好奇心を失ってはならない。

——アルベルト・アインシュタイン
（ドイツ出身の理論物理学者〔ノーベル物理学賞受賞〕/1879〜1955）

› 好奇心は希望の別名にほかならない。

——ジュリアス・チャールズ・ヘア
（英国の神学者・作家/1795〜1855）

ただ、決して楽しいとは言えないことで毎日が忙しく埋め尽くされているという方も多いことでしょう。

楽しくないことにはどうしても、それ以上を探究しようとする気持ちにはなれないものです。

一方で、じゃあ楽しいことをすればいいではないかというと、話はそう単純ではないことの方がこれまた多いことでしょう。

しかし忙しさに忙殺される中でも、なんとか自分の内面との対話の時間を確保し、**日々の中で好奇心を感じた瞬間がどこかにないか自問してみることは時間の無駄ではないのではないでしょうか。**

自分の将来について漠然に悩んでしまうという方は多いと思います。

そのような時、「好奇心」というキーワードは一つの気づきのキッカケになってくれます。

› 人生は生きることが大事なのです。いつも好奇心を持ち続けることです。どんな理由があっても決して人生に背を向けてはいけません。

——エレノア・ルーズベルト
（アメリカのファーストレディ・人権活動家／1884～1962）

› 好奇心は力強い知性の最も永久的な特性の一つである。

——サミュエル・ジョンソン
（英国の文学者／1709～1784）

Another Story

# 「無謀だ！」とわかりきっていても飛び込んでしまう

今でこそアニメといえば毎週同じ時間にテレビ放送されるものだと思われがちですが、そのようになったキッカケは『鉄腕アトム』です。

毎週30分放送されるアニメとして放映が始まった『鉄腕アトム』でしたが、実はこの取り組みは無謀を極めるものでした。

毎週放送されるということで、同じ作画を使い回すなど簡略化された制作方法が採用されてはいたものの、30分のアニメで1本あたり2000枚の作画が必要で、それを5人で担当しており、1人が1日66枚も仕上げる算段です。

しかも、当時のテレビ番組の制作費が50万円程度でしたからそれに従った結果、激務中の激務にもかかわらず、その割に収入が少ないという事態に陥ってしまいました。

幸いにも『鉄腕アトム』は大ヒットし、テレビ放送以外の面で収入を確保できたわけですが、無謀とわかりきっていても挑戦してしまう治虫。

治虫本人は圧倒的な作業時間とスピードを保てる逸材でしたが、スタッフが全員治虫並みの鉄人なわけでは当然ありません。

興味のあることならば、無謀とわかっていても、気合いでなんとか乗り切れるだろうと甘い見積もりをしてしまう手塚治虫でした。

Story 18

# 物事を深刻に捉えがちな人へ

## トーベ・ヤンソン

**トーベ・ヤンソン**　1914年8月9日 - 2001年6月27日（86歳没）

フィンランド生まれの女性アーティスト。芸術一家のもとストックホルムやパリで絵を学ぶ。児童小説から風刺画、絵本など文才と画才を発揮。1948年に発表した『楽しいムーミン一家』が世界中でヒットし、「ムーミン」の作者として名を知られるようになる。

## あんまり大袈裟に考えすぎないようにしろよ。何でも大きくしすぎちゃ駄目だぜ。

1914年、第一次世界大戦の勃発した年。スウェーデン系フィンランド人で彫刻家の父、スウェーデン人でイラストレーターの母のもとにトーベ・ヤンソンは誕生します。のちの「ムーミン」の作者です。

「ムーミン」と言えば日本においても不動の人気を誇り、文具からファッションまで多様な形で展開がなされています。

そんな「ムーミン」は今でこそアニメや漫画などで登場することが多くなっていますが、9作品の小説がその話の土台となっています（トーベ・ヤンソンにより1945年にスウェーデン語で著された『小さなトロールと大きな洪水』が1作目で、その後ムーミン・シリーズとして計9作品が出版されました）。

北欧の雄大で神秘的かつ荘厳な自然をモチーフにした「ムーミン谷」が舞台のお話。個性豊かなキャラクターたちが精緻なタッチで描かれます。

**心に残る関連名言集**

› 人生が困難なのではない。あなたが人生を困難にしているのだ。人生はきわめてシンプルである。

——アルフレッド・アドラー
（オーストリアの精神科医／1870～1937）

**日常的だけれども、どこか社会を鋭く風刺する言葉の数々は読む人に多彩な気づきを与えます。**

そんな「ムーミン」のお話の中には作者であるトーベ・ヤンソンの人生が色濃く反映されています。

トーベ・ヤンソンは両親ともに芸術家であり、幼少期から自宅兼アトリエの環境で育ちます。

将来は芸術家になるイメージしか抱けなかったようです（トーベ・ヤンソンは長女で下に弟が2人いますが、上の弟は写真家、下の弟は小説家になっています）。

父親は生粋の芸術家でしたがその活動はなかなか収入につながらず、ヤンソン家は雑誌への挿絵や切手絵などで人気作家だった母が家計を支えていました。

**自由で冒険好きな父と、優しく安心をもたらしてくれる母。それはまるで**

---

› われわれは幸福も不幸も大げさに考えすぎている。自分で考えているほど幸福でもないし、かといって決して不幸でもない。

――オノレ・ド・バルザック
（フランスの小説家／1799～1850）

› 許すはよし、忘れるはなおよし。

――ロバート・ブラウニング
（英国の詩人／1812～1889）

## 「ムーミンパパ」と「ムーミンママ」のようです。

トーベ・ヤンソンは、ヘルシンキ（フィンランドの首都）の学校に通いますが厳格な校風に馴染《なじ》めず15歳の時に中退します。

代わりに母の母校でもある工芸専門学校に通うのですが、そこでもなかなか周囲に馴染めなかったようです。

ナイーブな性格の持ち主でしたが、芸術家の両親だけあって私生活面でも進路面でも自由にさせてもらっていました。

特に母は芸術家としての先輩のみならず優しくも頼もしい存在であり続けてくれました。

幼少期から絵描きの母親のそばで寝食を共にしていましたから、絵を描くのがとても上手く、15歳の時には『ガルム』という政治風刺雑誌に挿絵を提供するようになります。母親も同じ雑誌に挿絵を提供していたため、見開きページでそれぞれが描いた挿絵が掲載されていることもあったようです。

一方で、トーベ・ヤンソンの家庭は少数派のスウェーデン語系のフィンラン

---

› 笑い声のないところに成功はない。

——アンドリュー・カーネギー
（アメリカの実業家・鉄鋼王／1835～1919）

› 悲観的になるのは、自分のことばかり考えているから。

——斎藤茂太
（日本の精神科医・随筆家／1916～2006）

ド人でした。

フィンランドでは人口の95％がフィンランド語を使うのですが、かつてスウェーデンがフィンランドの宗主国であった関係もあり政治・経済・文化とさまざまな面でスウェーデン語系の発言力が大きく、少数派のスウェーデン語系だとしても不自由はしませんでした。

フィンランドのスウェーデン語系の人々は、自分たちの社会のことを「ダック・ポンド」と呼び、小さな池の中でアヒルが寄り添って暮らすようだと自嘲気味に言うようです。

そのように、**トーベ・ヤンソンが暮らした社会というのは、どこか世俗から離れ自己完結的なコミュニティの中ひっそりと暮らすといったありさまでした。**

しかし、トーベ・ヤンソンが10代から30代頃にかけてはナショナリズム運動が起き、フィンランドからスウェーデン語を排斥しようとする運動が展開されます。

› 人生は複雑じゃない。私たちの方が複雑だ。人生はシンプルで、シンプルなことが正しいことなんだ。

——オスカー・ワイルド
（アイルランド出身の詩人・作家／1854～1900）

› 問題を深く見ていると、それはどんどん小さくなっていきます。観察することにあなたのエネルギーを向ければ向けるほど、問題は小さくなります。そして突然消えてしまいます。そしてあなたは、大笑いするでしょう。

——バグワン・シュリ・ラジニーシ
（インドの宗教家／1931～1990）

そうした社会背景は少なからずトーベ・ヤンソンの心に影響を与えたことでしょう。

**物語の中で「ムーミン谷」は争いや種族差別のない平和な理想郷のように描かれますが、その一因には当時の時代・社会背景もあったのではないかと考えられています。**

トーベ・ヤンソンの主な活動時期というのは、まさに第二次世界大戦を挟む前後です。

そのような時代背景の中、どこか世俗から離れた小さいコミュニティの中で芸術家の両親のもとで自由に、それでいて世の中を覗《のぞ》き見るようにひっそりと暮らしていました。

だからこそ、**トーベ・ヤンソンが描く「ムーミン」の世界観は世俗から離れた静寂感が漂い、それでいて人間社会を鋭くグサッと風刺する言葉が時折繰り出されます。**

「あんまりおおげさに考えすぎないようにしろよ。何でも大きくしすぎちゃだめだぜ」⑰

› 小事に煩わされないために必要なことは、努めて力点を変えてみること。つまり、心の中に新しく愉快な視点を作ることだ。気にする必要もなく、忘れてもよい小事で心を乱してはならない。小事にこだわるには人生はあまりにも短い。

——デール・カーネギー
（アメリカの著述家／1888〜1955）

› 空が曇っているときは、雲が横切っているだけなんだよ。

——デューク・エリントン
（アメリカのジャズオーケストラリーダー／1899〜1974）

これは登場キャラクターの一人「スナフキン」の言葉。「スナフキン」は人にも物にも執着しません。

現代で言う「ミニマリスト」であり誰にも頼らず孤独を愛し、自分にとって本当に大切なものは何かを理解しています。

些細《ささい》なすれ違いを過大に捉え、受け流せばいいところを真正面からぶつかり、わだかまりだけを残して終わる。

そういった話は人間関係上のことにとどまらず、私生活面でも多くあることでしょう。

ちょっとした期待はずれにひどく落胆し、気持ちを切り替えて前向きになればいいところで過去に囚われ、悶々と1日が終わる。

そういった悩みは大小問わず日常的に生じるものではありますが、それが毎日のように続くものならさすがにうんざりしてしまいます。

そんな時は、**「あんまりおおげさに考えすぎないようにする」**こと。「何でも

---

› それはあまりたいした問題じゃない。私はいつもこの「それはたいした問題じゃない」という哲学を持ってきた。

——アンディ・ウォーホル
（アメリカの芸術家／1928～1987）

大きくしすぎちゃだめ」なのです。

**そうね、明るくしているほうが楽しいわね、明るい人にとっては。けど、暗い人には疲れちゃうわよね。だからね、楽しくするってより、楽にする。なのよ。**

この言葉は、登場キャラクターの「リトルミイ」のもの。「リトルミイ」は「スナフキン」の異父姉で、ムーミン家の養女です。

怒りっぽくて自信家、そして自由奔放な「リトルミイ」は厳しい言葉を発しますが、その内容は鋭い洞察に富んでおり物事の核心を突きます。

**先ほどの「スナフキン」がトーベ・ヤンソンにとっての「理想の生き様」の体現者としての役割であるならば、「リトルミイ」は「曇りのない見方」の体**

---

› 自分が他人にしてほしいと思うことを、他人にも同じようにしてやるべきではない。その人の好みが自分と一致するとは限らないからだ。

――バーナード・ショー
（アイルランドの劇作家〔ノーベル文学賞受賞〕/ 1856〜1950）

› やるべきことは、どの考え方が自分にとって自然であるかを見出し、その考え方に従うことだ。

――デール・カーネギー
（アメリカの著述家 / 1888〜1955）

**現者としての役割ではないでしょうか。**

自己啓発の本をはじめ、世間ではポジティブでいることの効用が高々と掲げられますが「ポジティブ」でいることを一様に捉えてしまってはいけません。

まさに「明るい人にとっては明るくしている方が楽しい」わけであって**「もともと暗い人にとっては、明るくするのは不自然で楽しくない」**のです。

そして大切にするべき指針というのは、「気持ちが楽かどうか」にあるとトーベ・ヤンソンは考えているのでしょう。

この本の副題のように、まさに「ありのままの『私』を大切にする」ための一つの指針を「リトルミイ」を通してトーベ・ヤンソンは絶妙に指し示しています。

**自分が「ありのままの『私』」でいられているのかどうか、それは「自分の気持ちが楽かどうか」に着目することで見えてくるのかもしれません。**

---

› 君の立場になれば君が正しい。僕の立場になれば僕が正しい。

——ボブ・ディラン
（アメリカのミュージシャン〔ノーベル文学賞受賞〕/1941～）

縛らないことよ、自分で自分を。
わたしはかわいい、わたしはブス。
わたしは賢い、わたしはダメ。
わたしはモテる、わたしはモテない。
あなた、自分をすぐ
何かに決めつけようとするでしょ。
本当の自分を見つけるのは
もっとずっとずっと先の話。
今することは、一生懸命迷うことよ。

「リトルミイ」は厳しいことを言いますが、その内容は的を射ています。

**私たちは知らず知らずのうちに、「自分とはこういう人間だ」というように自らを型にはめてしまいます。**

› もし手放せない物を持っているとすれば、それは所有しているとはいえない。君が所有されているんだ。

——フランク・シナトラ
（アメリカのジャズ＆ポピュラー歌手／1915〜1998）

型にはめて考えるのは、物事を簡単に思わせてくれる半面、物事の捉え方を狭めたものにしてしまいます。

自分自身を型にはめるのは、自分を理解するのを簡単にしてくれる半面、自分の可能性を狭めてしまいます。

特に、自分に対して後ろ向きな捉え方をしてしまう時、それはネガティブな方向に自分を制限してしまいます。

どうせできないとか、どうせダメとか、どうせうまくいかないとか、そんなふうに自分を縛りつけてしまいます。

ただ、自分自身をネガティブに評価するな、と言われても気持ち的に難しい時もあることでしょう。

そんな時はどうすればいいか、その方法をトーベ・ヤンソンは「リトルミイ」を通して提示します。

---

オランダにはこんなことわざがあります。「くよくよしてもしかたがない。どのみち予想したとおりにはならないのだから」。本当にそう思うわ。

——オードリー・ヘプバーン
（ベルギー出身のハリウッド女優／1929～1993）

良い人生を送るための最も重要な条件。それは、自分自身のイメージを持たないで生きること。

——アイリス・マードック
（アイルランドの小説家・哲学者／1919～1999）

それは、「本当の自分を見つけるのはもっともっと先の話だから、まだ決めない。むしろ決められるようになるためにも、今は一生懸命迷えばいい」ということ。

迷ってしまう人間の心理をそのまま認めてしまえば、自分探しに迷うことはもう怖くなくなります。

「迷わないことが強さじゃなくて、怖がらないことが強さじゃなくて、泣かないことが強さじゃなくて、本当に強さってどんなことがあっても前をむけることでしょ」⑤

「リトルミイ」は思っていることをはっきり言います。

思っていることをそのまま言ってしまっては角が立つような場合でも、ストレートに言ってくれるのが「リトルミイ」の良いところです。

---

› 困難を予期するな。決して起こらないかも知れぬことに心を悩ますな。常に心に太陽を持て。

——ベンジャミン・フランクリン
(アメリカの政治家／1706〜1790)

› 奇妙なことだけど、現実の問題よりも想像上の心配事のほうが耐え難いのです。

——ドロシー・ディックス
(アメリカのジャーナリスト／1861〜1951)

「新しい生活、その不安ね。大丈夫よ、全然、大丈夫よ。いま考えても仕方ないじゃない。[18]

何かあったらその時に考えればいいのよ。

本当にそんなものよ。それで意外とうまくいくのよ」

このようにもトーベ・ヤンソンは「リトルミイ」を通して言います。

**何事も万事上手くいくということはないのだから、肩の力を抜いて自分が良いと思う方に進んでみればいいということ。**

何事にも不安はつきものだけれども、とりあえず前進してみて、何かあってから考えても意外と遅くはないということ。

**私たち現代人に必要なのは、ムーミン谷の住人のようにゆったりと広大な視点で物事を眺める余裕なのかもしれません。**

---

› 時々、機会を見つけて外出しなさい。そして、リラックスしよう。外から帰ってくると、あなたの判断はり確かなものになります。いつも仕事にへばりついていると、あなたは、判断力を失ってしまいます。

——レオナルド・ダ・ヴィンチ
(イタリアの芸術家/1452～1519)

› 生きるかぎりは歌いながら行こうよ。道はそうすれば、それだけ退屈でなくなる。

——ウェルギリウス
(古代ローマの詩人/紀元前70～紀元前19)

Another Story

## やりたくないことは弟に あっさり丸投げする性格

戦後まもない頃。雑誌の挿絵画家としてはそれなりに名の知れたトーベ・ヤンソンでしたが、まだまだ生活に余裕があるほどではありません。

そんな折、1952年のこと、ムーミンを連載漫画にしないかという話が舞い込みます。

それは異国であるイギリスの夕刊紙への連載の話でした。

連載の契約期間はなんと7年間で、毎日の新聞に３～４コマを描くだけで安定した収入が得られるだけあって、超乗り気でした。

しかし、毎日３～４コマ程度といえども毎回毎回ネタを考えるのは大変なことです。
次第に、ちょっとしたネタを大量に考えることは苦手であったと気づき、その仕事はどんどん苦痛なものへとなってしまいました。

そのためトーベ・ヤンソンは、ネタに困っては作家の弟ラルスを頼っていましたが、結局すべて弟に託してしまいます。

トーベ・ヤンソンが実際に描いたのは最初の21話だけで、他は弟が考えていたのでした。

せっかくの良い話なのですから、もう少し粘ってみたらいいではないかと思ってしまいますが……。

「苦手だな～、めんどくさいな～」と思ってしまったことは早々に諦めて人に任せてしまう。

そんな諦め上手で人任せ上手なトーベ・ヤンソンなのでした。

Story
19

# 将来が不安な人へ

## チャールズ・モンロー・シュルツ

**チャールズ・モンロー・シュルツ**　1922年11月26日 - 2000年2月12日（77歳没）

「スヌーピー」や「チャーリー・ブラウン」が登場する人気漫画『ピーナッツ』の作者。アメリカの漫画家にとって最高の栄誉であるリューベン賞をはじめとした数々の賞を受賞。2000誌以上に掲載されギネスブックに認定された。

## 気が滅入るだって？
## きみの生活にはユーモアがたりないのかも……

「スヌーピー」や「チャーリー・ブラウン」といった人気キャラクターが登場する漫画『ピーナッツ』。

総作品数は1万7897作。掲載された雑誌は2000誌越え。世界75カ国、21言語、3億5500万人以上の読者。コミック総発行部数は4億部以上。

その生みの親こそ、アメリカ生まれの漫画家チャールズ・モンロー・シュルツです。

「スヌーピー」と言えば日本でもお馴染《なじ》みの人気キャラクターで、雑貨屋や本屋に行けば必ずと言っていいほど出会うでしょう。

街に出ればそのコラボグッズは至る所で目にするほどです。

ここではそんな「ピーナッツ」の誕生秘話に迫ってみます。

心に残る
関連名言集

› 一日は短い単位の一生、一生は長い単位の一日。一日を一生の如く真剣に生き、一生を一日の如く気楽に生きたい。

——岩渕克郎
（日本の社会教育家／1919～2001）

1922年11月26日、シュルツはアメリカ合衆国ミネソタ州ミネアポリスに生まれます。

生まれて間もなくついたあだ名は「スパーキー」。当時大人気だった新聞漫画のキャラクター「スパークプラグ」から叔父が名付け、一生を通してシュルツのあだ名となりました。

ドイツ系の移民で理髪師の父親カールと、ノルウェー系移民だった母親ディナの一人息子として、両親ともに愛されながらシュルツは育ちました。

家は裕福ではありませんでしたが、やりくり上手な母のおかげでシュルツは貧しさなど感じることなく幸せな毎日を送っていました。

友達と遊んだり、スポーツをしたり映画を見たりと、シュルツは日々の生活の中でたくさん遊び、さまざまな刺激に囲まれて成長していきます。

また、**幼い頃から絵の才能に恵まれており、シュルツの絵を見た学校の先生から「あなたは将来画家になるかもしれない」と言われるほど。**

家族揃って大の漫画好きで、その日の新聞漫画の内容が一家の会話のネタに

> 苦しい時でも、とにかく笑っていろ。笑える余裕、ゆとりがないと判断を間違える。
>
> ——藤森正路
> (日本の経営者／1922～2018)

なっていました。

当時のアメリカでは人気漫画といえば新聞に載っている作品のことで、漫画家を目指す人にとっては、有名新聞に自分の作品が掲載されることは夢でした。

内気な性格でしたが成績は優秀で、小学校時代には2学年も飛び級していきます。

しかしそのせいでクラスメイトからは煙たがられ、仲間外れにされるという辛い経験をします。

成績はだんだんと下がっていき、中学卒業の頃には優等生ではなくなっていきました。

また、**シュルツが13歳の時に飼った雑種犬の「スパイク」は人間の言葉がわかるような仕草をしたり剃刀《かみそり》を食べてしまう変わった犬で、のちにスヌーピーのモデルとなりました。**

ちなみに、この時シュルツは「かみそりも食べるおかしな犬」と称して地元

---

› あなたがやれる最善を尽くしたなら、心配したって事態は良くならない。私もいろいろなことを心配するが、ダムからあふれる水までは心配しない。

——ウォルト・ディズニー
（アメリカのアニメーター・実業家／1901〜1966）

の新聞に飼い犬のイラストを投稿したところ、見事に掲載され、これがシュルツの初めて印刷された作品となりました。

さて、シュルツが本格的に絵の道に進み始めるのは高校3年生の時。

「アート・インストラクション・スクール」という通信制の学校に入学します。

家庭は決して裕福ではありませんでしたが、両親はなんとかやりくりして息子の学費を工面してくれました。

高校卒業後は、兵士としてアメリカ陸軍の訓練を受けます。

この時に母親のディナがガンで亡くなりシュルツはかなり落ち込みます。

除隊後は、母校の「アート・インストラクション・スクール」で講師の仕事に就きました。

この時、ドナという女性に片思いします。

なかなか関係は良好だったようですが、シュルツがプロポーズするものの家庭の事情でそれは叶《かな》いませんでした。

---

› 速度を上げるばかりが、人生ではない。

――マハトマ・ガンジー
（インドの弁護士・政治指導者／1869～1948）

シュルツのドナへの想いは終生変わらず、「ピーナッツ」の作中にも「チャーリー・ブラウン」が片思いしている姿を現さない赤毛の女の子として描かれます。

一方で、シュルツは講師の仕事の傍らで、自分の漫画の売り込みも地道に継続していました。

努力の甲斐もあり1947年に地元の新聞に『ピーナッツ』の原型となる「リル・フォークス」が掲載されます。

そして今度は漫画配給大手のユナイテッド・フィーチャー・シンジケートへの投稿をきっかけに1950年10月2日から全米8紙で『ピーナッツ』の連載が始まることになりました。

「スヌーピー」や「チャーリー・ブラウン」といった人気キャラクターが次々に登場する「ピーナッツ」の人気は次第に高まり、企業がイメージキャラクターとして使用するほどになります。

さて、作者のシュルツによると、**この「ピーナッツ」というお話は「人がこ**

---

› 人生は芝居のごとし、上手な役者が乞食になることもあれば、大根役者が殿様になることもある。とかく、あまり人生を重く見ず、捨て身になって何事も一心になすべし。

——福沢諭吉
（日本の啓蒙思想家・教育者／1835～1901）

**れまで恐れてきたもの」をテーマにしている**そうです。

**そうしたさまざまな「恐れ」をどうやって乗り越えていくかという悩みや葛藤を、子供の「ダメ・できない・困った」という日常的なドタバタ劇の中で表現しています。**

**あの可愛いキャラクターたちも、実はそれぞれが人間の弱さの一面を象徴しています。**

「チャーリー・ブラウン」は、誰しもが持っている不安感と人に好かれたいという願望を。

「ルーシー」というキャラクターは、世界は自分を中心に回っていると思って疑わない傲慢《ごうまん》さを。

「ライナス」というキャラクターがいつも抱きしめる毛布は、私たちが握りしめて離さない執着を。

小鳥の「ウッドストック」は、自分がちっぽけな存在で重要でないこと自覚しています。

---

› 微笑めば友達ができる。しかめっ面をすればしわができる。

——ジョージ・エリオット
（英国の作家／1819～1880）

登場するのは小さな子供ばかりですが、そこに込められるメッセージは大人向け。

一方で「ピーナッツ」に大人はその姿を一切見せません。

なぜならば、**大人が登場してしまってはメッセージが説教じみてしまい、私たち大人は聞く耳を持たなくなってしまうからです。**

ところで、スヌーピーは異質な存在です。

生みの親であるシュルツは「スヌーピー」についてこう述べています。

「[19]性格は全体として、少しほろ苦さの残る甘さ。でも非常に強烈なキャラクターである。勝つことも負けることもできるし、大失敗をすることも、ヒーローになることもできる。何でもできるうえに、全て上手くやってしまうのだ。それから、本当に大変なトラブルに巻き込まれた時には、ファンタジーの世界へと逃げ出すことができるという点も気に入っている」

人語を話し、二足歩行ができ、小屋の上で寝そべったり、タイプライターを

› 冷たいって君は言うがそこに味があるんだよ。君だってアイスクリームが好きだろう？

——イワン・ツルゲーネフ
（ロシアの小説家／1818〜1883）

打って小説を書いたり、はたまた宇宙船に乗って月に行ったりする「犬」。

**スヌーピーの言動は子供たちのどたばた劇にユーモラスな世界観を付け加えます。**

作中では「Good grief」（やれやれ、困った、お手上げだよの意味）という台詞《せりふ》が頻出しますが、**まさに日々の生活はうんざりしてしまうようなことでいっぱいな人も多いでしょう。**

そんな状況が続くと気が滅入ってしまうのも無理はないです。

しかし、そんなあなたの日々のドタバタ劇が『ピーナッツ』の漫画で描かれるとするならば、それはきっと、どこか物静かでシュールな笑いを誘うような独特のタッチで描かれることでしょう。

そして最後のコマで「スヌーピー」が一言。

「気が滅入るだって？　きみの生活にはユーモアがたりないのかも……」

---

› 気持ちよい生活を作ろうと思ったら、済んだことをくよくよせぬこと、めったに腹を立てぬこと、いつも現在を楽しむこと、とりわけ、人を憎まぬこと、未来を神にまかせること。

——ゲーテ
（ドイツの詩人・小説家・劇作家／1749～1832）

**真剣に考えすぎて、心のゆとりを失っているかもよ？　ってことです。**

大人からそんなことを言われても、他人事のような言い方が気になって聞く耳を持てないでしょうが、「ピーナッツ」の小さな世界の住人に言われてしまったら心に響いてしまう、そんな不思議が力があります。

## あすがすばらしい日だといけないから、うんと休息するのさ……

するべきことに追われ、日々のストレスは溜まりに溜まり、ただ人生に急《せ》かされてゆっくり休む間もない。

そのような人は多いことでしょう。

しかし、ゆっくりと休みたいという気持ちは十分すぎるほどあるのに、いったいどうして休むことに抵抗を感じてしまうのでしょうか。

---

› どうあろうと、明日という日がある。

——マーガレット・ミッチェル
（アメリカの小説家／1900〜1949）

› 静かに横たわって、のんびりして、待っていること、辛抱すること。だが、それこそ、考えるということではないか！

——フリードリヒ・ニーチェ
（ドイツの哲学者／1844〜1900）

それは、**私たちが抱える何かしらの「恐れ」がそうさせているのだとシュルツは考えています。**

**「恐れ」は常に未来にあるものですが、それがいったいいつ実現されるのかがわかりませんから、恐れている限りずっと気になってしまいます。**

その結果、休みたいのになかなか休めない。休んだとしても、頭の中ではずっと気になっている。

そのため休息は中途半端で、半分疲れた状態のまま毎日を過ごしてしまいます。

そうした状態をシュルツは指摘します。

「あすがすばらしい日だといけないから、うんと休息するのさ……」

これはスヌーピーの言葉です。

実はこの後に続きがあります。

---

› 今後のことなんかは、ぐっすりと眠り忘れてしまうことだ。

——ウィリアム・シェイクスピア
（英国の劇作家・詩人／1564～1616）

› 疲れちょると思案がどうしても滅入る。よう寝足ると猛然と自信がわく。

——坂本龍馬
（幕末の志士・土佐藩郷士／1836～1867）

「あすはすばらしい日じゃないかも知れないけど……でも、もしそうなら準備は万端さ」

ガクッと来てしまう展開ですが、「スヌーピー」にとってはそれで良いのです。

**ゆっくり休む理由は正直なんでもよくて、とにかくゆったり休みたいから休んでいるのです。**

日々に追われ心休まる時間もとれなく消耗してしまっている時、「スヌーピー」のユーモアは私たちの肩の荷を少し軽くしてくれるようです。

## 漫画というのは、「まあまあ」な仕事ですね。

さて、世界中で人気となる物語を生み出したシュルツですが、自分自身の実力については一言「まあまあ」という評価をしています。

[19]「まあまあ頭が良くなければならないが、本当に頭が良ければ、他のことをしているだろう。まあまあ上手い絵を描かなければならないが、本当に絵が上手

> 人は天才に生まれるのではない。天才になるのだ。
>
> ――シモーヌ・ド・ボーヴォワール
> （フランスの作家／1908～1986）

ければ、絵描きになるだろう。まあまあ上手い文章を書けなければならないが、本当に文章が上手ければ、本を書くだろう。私のような『まあまあ』な人間に、漫画は最適なのだ」

このように言い残しています。

シュルツは、自分のことを才能に恵まれた天才とは思っていませんでした。ただ、**「新聞のコマ割り漫画」を描くという点に関してはちょうど良いバランスで能力が備わっていた**と考えていました。

そしてシュルツは、**人は誰しも自分が活躍できるちょうど良い居場所があるはずだ**と考えていました。

私たちは自分の個性を考える時、何事もその道の一流の人と自分とを見比べて、自分の能力の低さにがっかりしてしまいがちです。

しかし、**その人の個性というのはさまざまな要素のバランスの中で出来上がってくるものです。**

---

› 天分は、持って生まれるもの。才能は、引き出すものよ。

——ココ・シャネル
（フランスのファッションデザイナー／1883～1971）

› もちろん、生まれつきの能力の問題もまったく無視はできない。それでもやはり、これはおまけみたいなものだ。絶え間なく、粘り強く努力する。これこそ何よりも重要な資質であり、成功の要《かなめ》といえる。

——トーマス・エジソン
（アメリカの発明家／1847～1931）

そうして出来上がったバランスというのは、その人固有のものです。決して自分と同じバランスの持ち主はいないのです。

シュルツのこの考え方は、人と比べて自信を失ってしまいそうな時、ありのままの自分の特別さを思い出させてくれます。

## まずはやってみて乗り越えて<br>どういう結果になるかを見るしかない

私たちは日々、さまざまな「恐れ」を抱いて過ごしていることでしょう。そして、そうした「恐れ」を前に立ちすくみ、動けなくなってしまっている人は多いことでしょう。

日々忙しなく動き回っていても、それが「恐れ」から逃れるためのことであるのなら、立ちすくみ動けなくなっているのと同じことかもしれません。

**『ピーナッツ』は私たち大人が抱えるさまざまな「恐れ」とそれにまつわる悩**

---

› あせってはいけません。ただ、牛のように、図々しく進んで行くのが大事です。

——夏目漱石
（日本の小説家／1867～1916）

› どんな人間でも一つや二つは素晴らしい能力を持っているのである。その素晴らしいところを大切に育てていけば、一人前の人間になる。これこそが人を大切にするうえで最も大事なことだ。

——吉田松陰
（幕末の長州藩士／1830～1859）

**みや葛藤をテーマにした物語です。**

一見、可愛いキャラクターたちによるドタバタ劇ですが、その主役が子供たちだからこそ、込められたメッセージは私たちの心に素直に入ってきます。

「まずはやってみて乗り越えてどういう結果になるかを見るしかない」

まさにその通りなのです。その通りなのですが、なかなかできないわけです。

**そんな時は、スヌーピーのような肩の力が抜けるユーモア精神でもってリラックスし、気楽にとりあえず前進してみたらいいのではないでしょうか。**

リラックスして呑気《のんき》に前進してみたら、それまで想像していた「恐れ」は予想していたほどのことではないと気づくかもしれません。

それに、とりあえずやってみることで状況は変わり、そこから前向きな力が湧き出てくるかもしれません。

**いずれにせよ、「気楽に行こう」というユーモアの精神が大切なのです。**

---

› 自分に出来ることをすべてやったら、結果なんて他人に任せてしまいなさい。

——ゴルダ・メイア
（イスラエルの元女性首相／1898～1978）

› さあ、元気を出して行動に打って出よう、どのような運命にも立ち向かう勇気を持って。いよいよ励み、いよいよ求め、労苦し、時を待つことを学ぶのだ。

——ヘンリー・ワーズワース・ロングフェロー
（アメリカの詩人／1807～1882）

Another Story

# 「NO！」と言えないのは日本人だけではありません

世界中にファンがいる人気漫画『ピーナッツ』。

しかし、実は、その生みの親であるシュルツは『ピーナッツ』という名前が大嫌いでした。

最初シュルツが希望していた名前は「ちびっこたち」という意味の「リル・フォークス」。

それがダメなら、主人公の「チャーリー・ブラウン」で！

……と思っていましたが、なんと配信会社は『ピーナッツ』と命名。

しかも、それを作者であるシュルツへの事前相談もなしに一方的に決めてしまいます。

『ピーナッツ』という言葉には「取るに足らないもの」という意味もあり、作品に思い入れのあるシュルツにとっては最悪な名前です。

普通なら怒ってしまうところですが、チャンスを逃したくないという思いやお人好しだった性格もあって、渋々了承します。

結果として世界的な大ヒットとなったわけですから、配信会社には命名センスがあったということになりそうですが、当時のシュルツとしては最悪な気分でした。

といっても、「NO！」とはきっぱり言えないシュルツなのでした。

Story
20

# 「人生で大切なもの」がわからない人へ

## サン＝テグジュペリ

**サン＝テグジュペリ**　1900年6月29日 - 1944年7月31日（44歳没）

フランスの作家兼郵便輸送のパイロット。異色の経歴を持つ作家として人気を博す。代表作の1つである『星の王子さま』は200以上の国と地域の言語に翻訳され、老若男女を問わず世界中の人々に親しまれている。

## 君が君のバラのために失った時間こそが、君のバラをかけがえのないものにしているんだよ。

アントワーヌ・ド・サン＝テグジュペリは、フランスの作家兼郵便輸送のパイロットです。

かの有名な『星の王子さま』の作者で、その本を知っているという方はかなり多いのではないでしょうか。

物静かな語り口調で描かれる世界観。

そこから発せられる柔らかくも鋭く刺さる言葉の数々は世界中の人々に影響を与えました。

1999年の調査によると、第二次世界大戦後の累計販売数ランキングで、第1位に『聖書』、第2位にカール・マルクスの『資本論』、そして第3位に『星の王子さま』がランクインされているほどです。

心に残る
関連名言集

› 真の発見の旅とは、新しい景色を探すことではない。新しい目で見ることなのだ。

——マルセル・プルースト
（フランスの作家／1871〜1922）

２つの世界大戦の真っ只中という時代、パイロットという職業柄もあってサン＝テグジュペリは世界の激動期をはるか上空から眺めます。**人間が豆粒以下のサイズに見えてしまう高さから世界を眺めていたサン＝テグジュペリ。知らぬ間に社会をそして人生を俯瞰《ふかん》する視点を獲得していたのでした。**

そんなサン＝テグジュペリの半生を少し振り返ってみましょう。

パリに地下鉄が開通した１９００年、サン＝テグジュペリはフランスのリヨンにて誕生しました。

４歳にして父親が亡くなり、母方の実家で幼少期を過ごします。17歳の時には弟も病気で亡くなりました。学校での成績はあまり良くなく、海軍兵学校に三度受験しますが三度とも不合格でした。

その後、兵役によって航空隊に入り、飛行機の操縦を学びます。

除隊後はトラックの販売会社に入りますが営業成績は最悪。**真面目で誠実だった性格ゆえに不器用で、仕事ではあまりうまくいかなかったようです。**

---

› 一つひとつの悲しみには意味がある。時には思いもよらない意味が。どんな悲しみであろうと、それはこのうえなく大切なもの。太陽がいつも朝を連れて来てくれるように、それは確かなことなのですよ。

——エラ・ウィーラー・ウィルコックス
（アメリカの詩人／1850～1919）

› 今この瞬間にあなたが無常の喜びを感じていないとしたら、理由は一つしかない。自分が持っていないもののことを考えているからだ。喜びを感じられるものは、全てあなたの手の中にあるというのに。

——アントニー・デ・メロ
（インド出身の著述家／1931～1987）

退職後、民間の航空会社にパイロットとして就職しました。

その時（１９２６年）サン・テグジュペリは26歳で、同時に作家としてもデビューしました。**自身のパイロットとしての体験に基づいた作品を発表するようになります。**

『南方郵便機』（１９２９年）、『夜間飛行』（１９３１年）、『人間の土地』（１９３９年）、『戦う操縦士』（１９４２年）と作品を発表していき、世界中で読まれるようになりました。

『星の王子さま』が出版されたのは１９４３年。ナチスに支配されたフランスから離れアメリカで執筆されました。その後、空軍の偵察飛行部隊に復帰し前線を飛行しますが、１９４４年7月に地中海上空で敵機に撃墜され、その生涯を終えました。

44歳という若さでこの世を去ったサン＝テグジュペリですが、高い上空から世界を見渡し地上とは異なる次元から物事を眺めることができたのでした。
⑳「君が君のバラのために失った時間こそが、君のバラをかけがえのないものにしているんだよ」

---

› **男というのは、苦労させられた女のことは、忘れないものね。**

**――ココ・シャネル**
（フランスのファッションデザイナー／1883～1971）

› **人生とは、人生以外のことを夢中で考えているときにあるんだよ。**

**――ジョン・レノン**
（英国のミュージシャン・「ビートルズ」のリーダー／1940～1980）

この台詞《せりふ》は『星の王子さま』（新潮文庫）の作中で、キツネが王子さまに伝えた言葉です。

王子さまが住んでいた小さな星には一輪のバラが咲いていて、王子さまはこの世界にたった一つの珍しい花を持っていると思っていました。

しかし、地球に降り立った王子さまは、同じようなバラがそこにはたくさんあることを知ってしまいます。

今まで特別だと思っていたバラが、実は無数にあるバラの一つに過ぎないことに気づき悲しくなってしまいました。

ただキツネは大切なのはそこではないと言います。

確かに王子さまの星に咲く一輪のバラは、地球上で咲く無数のバラとそっくりかもしれません。

しかし、そのために水をやったり、風よけの衝立《ついたて》を立てたり、ガラスの覆いを被せたり、茎の虫をとってあげたのは、その一輪のバラだけ。

> 友人のために私がしてあげられる一番のこと、それは、ただ友人でいてあげること。

——ヘンリー・D・ソロー
（アメリカの作家・詩人／1817～1862）

> あの人が私を愛してから、自分が自分にとってどれほど価値あるものになったことだろう。

——ゲーテ
（ドイツの詩人・小説家・劇作家／1749～1832）

だから、**その一輪のバラだけは、どんなに姿形が他のバラと似ていても、王子さまにとっては特別で大切なものなのだと。**

**心で見なくちゃ、ものごとはよく見えないってことさ。かんじんなことは、目に見えないんだよ。**

この言葉もキツネから王子さまに贈られた言葉です。

サン＝テグジュペリはその作中で、世の中に対する違った角度からの視点を繰り返し提起します。

**その視点というのは、私たちの誰もがかつて持っていた視点、すなわち子供の時の視点なのです。**

人間は大人になるにつれて、社会の中に組み込まれ知らず知らずのうちに決まりきった見方に慣れ親しんでしまいます。

---

› 雲に触ることは出来ないでしょう？　それでも雨が降ってくるのはわかるし、暑い日には、花も乾いた大地も、雨を喜んでいるのがわかるでしょう？　愛もそれと同じなの。愛も手で触れることは出来ないけれど、愛が注がれる時の優しさは、感じることが出来るでしょう？　愛があるから、喜びも湧いてくるし、遊びたい気持ちも起きるのよ……。

――アン・サリバン
（ヘレン・ケラーの家庭教師／1866～1936）

それは、効率の良さであったり、合理的かどうかであったり、利益になるか不利益になるかであったり。

「大人」というのは、数で計って物事を理解したつもりになり、話で聞いてすべてわかった気になり、褒められ認められることをただただ求めたり、そして嫌なことがあったらお酒を飲んで忘れようとします。

**人はみんな大切なことを追い求めているはずなのに、気づいた時にはそれを見つける方法を見失っているから、途方に暮れてとりあえず生きている。**

高度な経済成長に2つの世界大戦、世の中が混沌《こんとん》を極め荒れる中、はるか上空から眺める人間社会はサン＝テグジュペリにはどのように映っていたのでしょうか。

**高い空からは見渡せてしまうほどに小さい地球の表面で、それよりもはるかに小さい生命体である人間。**

**そんなちっぽけな人間が目先の利益を求め、そして殺し合っている姿はどこ**

---

› 美しい景色を探すな。景色の中に美しいものを見つけるんだ。

――フィンセント・ファン・ゴッホ
（オランダの画家／1853～1890）

› 人は常に幸福を求めるが、常に幸福に気づかない。

――ジャン＝ジャック・ルソー
（フランスの啓蒙思想家・哲学者・作家／1712～1778）

**か寂しく、それでいて虚しく映ったかもしれません。**

「満天の星が美しいのは、目には見えない花が、どこかの星に咲いているからなのさ……」[20]

「砂漠が美しいのは、砂漠がどこかに井戸を隠しもっているからなんだ……」[20]

この言葉は、キツネから諭された王子さまが、その後気づいた言葉です。

満天の星のどこかに、自分が残してきた大切な一輪の花が咲いていると思った途端、満天の星はより一層特別な輝きを増し、砂漠のどこかに渇いた喉を潤してくれる井戸があると思った途端、砂漠の景色の中には希望が映ります。

「大人」の世界の見方では到底至ることのできない境地がそこにはあります。

**本当に大切なことというのは心で見なくては見えてこないのだと、サン＝テグジュペリは思っているのです。**

---

› どんなことにも教訓はある。君がそれを見つけられるかどうかさ。

――ルイス・キャロル
（英国の作家／1832～1898）

› 人生で最高のもの、最も美しいものは目に見えず、触ることもできません。それは心で感じるものなのです。世の中はつらいことでいっぱいですが、それに打ち勝つことも満ち溢れています。

――ヘレン・ケラー
（アメリカの教育家・社会福祉活動家／1880～1968）

## 人間はみんな特急列車に乗り込むけど、いまではもう、何を探しているのか分からなくなっている。だから、みんなそわそわしたり、どうどうめぐりなんかしてるんだよ……

これは『星の王子さま』の作中で王子さまがふと言葉にしたもの。

本が書かれたのは１９４３年ですが、２０２１年の現在においても社会を鋭く風刺しています。

サン＝テグジュペリという人物を一言で表すことが許されるのなら、それは「はるか上空から時代を、社会を眺めた人」。

高い空から見た人間たちは、まるで何かに追われるように忙しく動き回ってはいるものの、無目的に同じ動きを繰り返しているように映ったのかもしれません。

**毎日忙しく過ごすものの、結局のところ何がしたくて忙しくしているのかわ**

---

› 現代人は、ものごとを急いでしないと、何か、つまり、時間を損したような気持ちになる。しかし、時間つぶし以外には、浮かせた時間をどう使っていいのかは分からないのである。

――エーリッヒ・フロム
（ドイツの社会心理学者・精神分析学者／1900～1980）

› どこへ行きたいのかわからなければ、目的地に着いても気づかない。

――エルヴィス・プレスリー
（アメリカのミュージシャン／1935～1977）

**からない、という状態の人が多くいる社会を風刺しているのです。**

しかし、「じゃあどうすればいいのか?」「じゃあ探し物はどうすればわかるのか?」と問われても、それはサン=テグジュペリも問いを発する本人もなかなかわからないものです。

誰もが特急列車に乗り込んで急いでいるふうを装っているけれども、結局のところどこに向かおうとしているのかはわからないのです。

それは時代の問題なのかもしれませんし、社会の問題かもしれません。

[20]「心で見なくちゃ、ものごとはよく見えないってことさ。かんじんなことは、目に見えないんだよ」

サン・テグジュペリの言葉は、人生のふとした時に立ち止まり、色塗られた視点からしか見えなくなっている己の視点を捨て、結局のところ何が本当に大切なのかという「心の目」で改めて周りを、そして自分を眺めてみる必要があるのだと、私たちに訴えかけてきます。

---

› 持たなくてもいい重い荷物を、誰に頼まれもしないのに一生懸命ぶらさげていないか。

——中村天風

(日本の思想家/1876~1968)

› 忙しさにこれで十分ということはない。蟻《あり》も忙しいのだ。問題は、何にそんなに忙しいのかということである。

——ヘンリー・D・ソロー

(アメリカの作家・詩人/1817~1862)

## 人間たちが探しているものは、たった一輪のバラとか、ほんの少しの水のなかに、ちゃんと見つかるものなんだよ。

私たち一人ひとりにとって、大切なものとはいったい何なのでしょうか。

人生で大切なものが無かったとしても、生きていくことはできるでしょう。しかし、大切なことを見失っている生き方の中に、心温まる充実感なるものはあるのでしょうか。

一生懸命「何か」を追っている気になって、そしてやっとその「何か」をつかんだとしても、それが本当に大切な「何か」ではないのなら、どこか虚無感とも呼べるものがそこに広がります。

大人になって振り返ってみると大したことのない子供の頃の感動、友達と話

› 人生において重要なのは、生きることであって、生きた結果ではない。

――ゲーテ

（ドイツの詩人・小説家・劇作家／1749～1832）

› もし幸福な生活を送りたいと思う人々がほんの一瞬でも胸に手を当てて考えれば、心の底からしみじみと感じられる喜びは、足下に生える雑草や朝日にきらめく花の露と同様、無数にあることがわかるでしょう。

――ヘレン・ケラー

（アメリカの教育家・社会福祉活動家／1880～1968）

すタイミングが重なって笑い合ったとか、頰に当たる夏の雨は意外とぬるいとか、色塗りに夢中になっていたら日が暮れてたとか、そんな些細《ささい》な感動の中に潜むはかない「刹那《せつな》の美」なるものの中に、本当に大切にしている「何か」はあるのかもしれません。

高いところから見た人間は小さく、はかなく、そして大した存在ではなかったことでしょう。

**にもかかわらず、私たちは肥大化した社会意識の中で自分を型にはめ、あたかも絶対的な「何か」に向かって頑張っているつもりになって、それでいて大切な「何か」がわからなくなっている。**

サン＝テグジュペリの言葉からは、自分の人生で本当に大切な「何か」のありかについて、妄信的にならず改めて意識的になってみるべきであることを思い出させてもらえます。

› 内なる自分を見つめると、実は望んでいるものをちゃんと所有していることがわかる。

——シモーヌ・ヴェイユ
（フランスの哲学者／1909〜1943）

› 美は至る所にある。それが私たちの眼前に欠けているわけではなく、私たちの眼がそれを認め得ないだけです。

——オーギュスト・ロダン
（フランスの彫刻家／1840〜1917）

Another Story

# 美しい物語からは想像できない女性への強引なアプローチ！

作中にも出てくる「バラの花」。

実は、サン＝テグジュペリがこの作中の「バラの花」に妻コンスエロの姿を見ていることは、知る人ぞ知る豆知識です。

コンスエロは1歳年下の若い未亡人で、滞在中のアルゼンチンのパーティで出会い恋仲になりました。
コンスエロはバラのような棘《とげ》があり一筋縄ではいかない女性でした。

そんなコンスエロに惹かれたサン＝テグジュペリはあの手この手で口説こうとします。

そして最終的にとった手段がとんでもないものでした。

サン＝テグジュペリはコンスエロを無理に誘って狭い飛行機のコックピットに乗せて飛び立ち、海の上空を飛んでいる時に海に突っ込もうとします。

「キスをしてくれませんか？」と問い、望む答えを得られないと海に突っ込もうとするわけです。

こうしたドキドキも味方したのか、結果的にコンスエロはサン＝テグジュペリに恋をしてしまいます。ただ、それにしてもいささか強引すぎませんか？

作中の物静かな語り調子からは想像できないほどに、やんちゃな一面のあるサン＝テグジュペリです。

その後、第二次世界大戦に巻き込まれコンスエロは一人フランスに残り、サン＝テグジュペリはアメリカにと離れ離れになってしまいます。

そんな故郷に置いてきてしまった大切な人の面影を、サン＝テグジュペリは作中の赤いバラに投影しているのでした。

# おわりに

いかがだったでしょうか。

本書は、メンタル的に落ち込み元気を失ってしまっている人に、何か癒しとなるような内容のものを届けたいという思いから作られました。

辛い時、悲しい時、私たちは解決策を求めて動き回りますが、逆に傷口を広げてしまうこともしばしばです。

そんな時は、意外と盲点ですが、共感できるような話を見聞きすることが、そのまま慰めとなって心が楽になることはよくあります。

20人のエピソードは、それぞれに固有のものがありますから共感できることもあったのではないでしょうか。

辛い時、悲しい時、解決策となるような知識を学び、原因を解明していく能動的なアプローチはもちろん効果的です。

しかし、時にはそうした問題解決の枠組みから外れ、共感による癒しというシンプルな受動的アプローチも大切なのではないかと思います。

そして、20人のエピソードを書く中で、予期せぬ発見もありました。

別々のバックグラウンドを持つ多様な20人を集めたつもりでしたが、そこにはとある共通点があったように思っています。

それは「ありのままの自分を大切にしていた」ということです。

自分の弱みを否定せずに受け入れ、好奇心を無視せずそこからヒントを得、そして最終的には自分で考え自分で行動した。

誰もが繊細な心を持ち、さまざまな心の葛藤を抱え、それでもなんとか折り合いをつけ、立ち上がり続けた、そんなエピソードが多かったと思います。

ただ、逆説的ですが、そこにあったのはある種の「鈍感さ」であって、意図的に「鈍感になる力」だったような気がしています。

普通だったら悩みつまずいてしまいそうなところでも、捉え方を柔軟に切り替えて前向きになれた。常識的には風変わりなことをしていても、特に気にせず好奇心の赴くままに行動し続けた。周りの意見に耳を傾けつつも、最終的には自分と他人は違うのだと割り切って決断した。

そんな偉人の生き方は、端から見たら天才的に映るかもしれません。
しかし、そんな天才性の裏には実は意図的に「鈍感」になってしまう力も隠れていたのではないでしょうか。

知らず知らずのうちに囚われてしまっていた価値観から解放されて、本来の自分を取り戻すためにも、あえて「鈍感」になってしまい、気楽な気持ちで物事を、そして自分自身を捉え直してみるとそこには新たな発見があることでしょう。

そして、そのことはこの現代を生きる私たちに今必要なことではないでしょうか。

最後に。
本書への制作に携わっていただいた多くの方々に感謝の言葉を述べさせていただきたく思います。

表紙のデザインを手がけてくださった西垂水敦さん、市川さつきさん。

本文をきれいにまとめてくださった二ノ宮匡さん。

書籍の雰囲気にぴったりの素敵なイラストを描いてくださった水谷慶大さん。

そして書籍の出版に関わってくださいました多くの皆様。面識もない私の執筆にお付き合いくださり誠にありがとうございました。

そして特に、編集の金子拓也さんには特別の謝辞を贈らせていただきたく思っております。

初めての執筆で勝手もわからず、それでいて意見だけは一丁前にする私に、最初の最初から優しくそして柔軟に対応してくださり誠にありがとうございました。おかげさまで、思う存分に執筆することができました。

共に作ったこの本が多くの方の手に渡り、何か一つだけでも人生に前向きな力をもたらすような気づきを得ていただけたら、著者としてこの上なく嬉しいです。

２０２１年10月
ライフハックアニメーション

## 参考文献


夏目漱石『それから』(青空文庫)……①
夏目漱石『私の個人主義』(青空文庫)
夏目漱石『文芸の哲学的講義』(青空文庫)……②
富士山みえる『まんが世界と日本の人物伝100 ④不朽の名作を書いた人たち』(偕成社)

『アインシュタインにきいてみよう 勇気をくれる150の言葉』(弓場隆編訳、ディスカヴァー・トゥエンティワン)……③
新堂進『アインシュタイン—大人の科学伝記 天才物理学者の見たこと、考えたこと、話したこと』(サイエンス・アイ新書)
弓場隆『アインシュタインの言葉』(ディスカヴァー・トゥエンティワン)……④

『ファン・ゴッホの手紙』(二見史郎編訳、圀府寺司訳、みすず書房)
リーズベット・ヘインク『フィンセント・ファン・ゴッホ 葛藤の軌跡 シリーズ ゴッホの秘密』(宮崎直子訳、Amsterdam Publishers)……⑦
デイヴィッド・スウィートマン『ゴッホ 100年目の真実』(野中邦子訳、文藝春秋)
富士山みえる『まんが世界と日本の人物伝100 ⑩文化や芸術をつくった人たち』(偕成社)

フランツ・カフカ『絶望名人カフカの人生論』(頭木弘樹編訳、新潮文庫)……⑧
池内紀『となりのカフカ』(光文社新書)

小倉広『アルフレッド・アドラー 人生に革命が起きる100の言葉』(ダイヤモンド社)……⑨
小倉広『アルフレッド・アドラー 一瞬で自分が変わる100の言葉』(ダイヤモンド社)
岸見一郎『アドラー心理学入門 よりよい人間関係のために』(ベスト新書)

バリー・パリス『オードリー・ヘップバーン物語 上・下』(永井淳訳、集英社文庫)
山口路子『オードリー・ヘップバーンの言葉』(だいわ文庫)……⑩
富士山みえる『まんが世界と日本の人物伝100 ②平和と人権解放につくした人たち』(偕成社)

デヴィッド・マカルー『ライト兄弟 イノベーション・マインドの力』(秋山勝訳、草思社文庫)……⑪
富塚清文、五十嵐大介絵『ライト兄弟』(講談社 火の鳥伝記文庫)

瀬木慎一『ピカソ』(集英社新書)
小川仁志『ピカソ思考』(ディスカヴァー・トゥエンティワン)

山口路子『ココ・シャネルの言葉』(だいわ文庫)……⑬
高野てるみ『ココ・シャネル 女を磨く言葉』(PHP文庫)

白取春彦『超訳 ニーチェの言葉』(ディスカヴァー・トゥエンティワン)……⑭
白取春彦『超訳 ニーチェの言葉 II』(ディスカヴァー・トゥエンティワン)
飲茶『飲茶の「最強!」のニーチェ』(水王舎)

山中康裕編著『心理学対決! フロイトvsユング』(ナツメ社)
小此木啓吾、河合隼雄『フロイトとユング』(講談社学術文庫)

『まんがでわかる！ フロイトとユングの心理学』（イースト・プレス）
山竹伸二監修『図解 ヒトのココロがわかるフロイトの話』（日本文芸社）
妙木浩之『フロイト入門』（ちくま新書）

河合隼雄『ユングの生涯』（レグルス文庫 100）
河合隼雄『ユング心理学入門』（培風館）

中野明『カーネル・サンダースの教え 人生は何度でも勝負できる！』（朝日新聞出版）
藤木隆一『カーネル・サンダース 65 歳から世界的企業を興した伝説の男』（文芸社文庫）

早野美智代文、脚次郎絵『野口英世』（学研プラス）
富士山えみる『まんが世界と日本の人物伝 100 ⑦病気と健康について考え続けた人たち』（偕成社）

ボブ・トマス『ウォルト・ディズニー 創造と冒険の生涯 完全復刻版』（玉置悦子、能登路雅子訳、講談社）
PHP 研究所編『ウォルト・ディズニー すべては夢みることから始まる』（PHP 文庫）……⑮
小松田勝『ウォルト・ディズニーが贈る 夢をかなえる言葉 折れない心をつくる 23 の“物語”』（知的生きかた文庫）

チャールズ・チャップリン『チャップリン自伝 栄光と波瀾の日々』（中里京子訳、新潮文庫）
チャールズ・チャップリン『チャップリン自伝 若き日々』（中里京子訳、新潮文庫）

橋本一郎編著『手塚治虫 99 のことば』（双葉社）
手塚治虫『明日を切り拓く手塚治虫の言葉 201 ―今を生きる人たちへ―』（ぴあ）……⑯
手塚治虫、松谷孝征『手塚治虫 壁を超える言葉』（かんき出版）

冨原眞弓『ムーミンを生んだ芸術家 トーヴェ・ヤンソン』（芸術新潮編集部編、新潮社）
トーベ・ヤンソン『ムーミン谷の名言集』（ユッカ・パルッキネン編、渡部翠訳、講談社）
トーベ・ヤンソン『ムーミン谷の名言シリーズ 1 スナフキンのことば』（講談社）……⑰
トーベ・ヤンソン『ムーミン谷の名言シリーズ 2 ちびのミイのことば』（講談社）

『チャールズ・M・シュルツ 勇気が出る言葉』（角川書店）……⑲
『角川まんが学習シリーズ まんが人物伝 チャールズ・シュルツ スヌーピーの生みの親』（KADOKAWA）
チャールズ・M・シュルツ『気持ちが楽になるスヌーピー』（谷川俊太郎訳、祥伝社新書）
チャールズ・M・シュルツ『悩んだときに元気が出るスヌーピー』（香山リカ選、谷川俊太郎訳、祥伝社新書）
チャールズ・M・シュルツ『きっと大丈夫と思えるスヌーピー』（谷川俊太郎訳、祥伝社新書）

サン＝テグジュペリ『星の王子さま』（河野万里子訳、新潮文庫）……⑳
稲垣直樹『「星の王子さま」に聞く 生きるヒント サン＝テグジュペリ名言集』（平凡社）

『癒しツアー』（https://iyashitour.com/）……⑥
『世界の名言・格言』（https://dictionary.goo.ne.jp/quote/）
『名言ナビ』（https://meigennavi.net/）……⑫
『心に残る名言集・格言』（https://meigen.keiziban-jp.com/）……⑤
『ここのこ ～心に残る言葉の力・名言・台詞集 ～』（http://phoenix-wind.com/）……⑱

*ライフハックアニメーション*
東京大学経済学部卒。YouTubeチャンネル「ライフハックアニメーション」の運営者。過去に起業するも困難を前に挫折し、燃え尽きた末、心身ともにどん底へ。数年の沈黙を経てライフハックに目覚め、心身の健康を取り戻し、社会復帰を果たす。その復活の過程で得た知識を実体験に基づき編集し、アニメーション動画で発信。「心と体の健康」をテーマにした動画コンテンツは200を超え、知る人ぞ知るYouTubeチャンネルへと成長を遂げる。16万人（2021年10月現在）のチャンネル登録者数を誇る急成長中の動画クリエイター。

**天才《てんさい》はみんな「鈍感《どんかん》」さん**

ありのままの私《わたし》を大切《たいせつ》にした偉人《いじん》の話《はなし》

2021年12月2日　初版発行

著者／ライフハックアニメーション

発行者／青柳 昌行

発行／株式会社KADOKAWA
〒102-8177　東京都千代田区富士見2-13-3
電話　0570-002-301(ナビダイヤル)

印刷所／大日本印刷株式会社



●お問い合わせ
https://www.kadokawa.co.jp/（「お問い合わせ」へお進みください）
※内容によっては、お答えできない場合があります。
※サポートは日本国内のみとさせていただきます。
※Japanese text only

定価はカバーに表示してあります。


ISBN 978-4-04-605457-9　C0030